個別ケア実践マニュアル

ユニットケアで暮らしをつくる

秋葉都子 編著

中央法規

多くの介護現場に伺うと、「うちは個別ケアをしています」という説明をいただきます。このように「個別ケア」とは、介護を目指す者であれば目標とする言葉です。
　さて、その根拠や定義は何でしょうか？
　施設の例で考えてみましょう。時刻は11時30分、ちょうど排泄介助の時間です。Aさんには「トイレ誘導」、Bさんには「おむつ交換」、Cさんには「声かけで確認」と、それぞれに個別の介助をしたとします。これを「個別ケア」というのでしょうか？　いいえ、これは個別に対応しているすばらしい介助で「個別対応」といいますが、「個別ケア」ではないでしょう。

　それでは、「個別ケア」とは一体何なのでしょうか？
　その考え方の基本は、私たち介護の仕事をひもとくとわかると思います。高齢者の介護をするということは、高齢者が家や施設を住まいにするとき、一人で1日を過ごすことができない、そのできないことをサポートさせていただくこと、それが介護の仕事です。
　食事ができないので食事のサポートをお願いされたとします。朝食の用意をお願いしたいけれど、昼食と夕食は身体が動きそうなので自分でできるのでいい、という人がいます。御飯は炊けるので、おかずの買い物をしてほしいという人もいます。食事の用意から食事を食べさせることまでしてほしいという人もいます。しかしその人も、夕食だけは家族がするのでいいという場合もあります。

　人の暮らしをサポートするには、まずはその人の1日に視点をあわせること、そして、その人が1日のなか（日によって異なることもあり得ます）でサポートを必要とすることを明確にすること、その結果が「個別ケア」になるのではないでしょうか。
　さて、この本は「個別ケア」を目指す皆さんが、「想い」をもっていても、具体的に何をすればよいのかわからない、実践していても効果がみえない場合を想定して編纂されています。個別ケアの実践には、「理論としくみ」があります。その解説と具体例で構成されていますので、きっとその答えを見つけられることでしょう。

平成23年3月　秋葉都子

目次

序　ケアの視点を整理する ― 001
高齢者施設の歴史／暮らしをサポートする視点／暮らしをサポートするもの／個別ケアを動かす仕組み

I　個別ケアの基本フォーム ― 009

はじめに　010

1　生活単位と介護単位　012
生活単位と介護単位の「一致」／ユニットケアの効果／生活単位とは／介護単位とは／生活単位と介護単位の相乗効果／介護サービスの使命

2　職員体制　024
理念と職員体制／職員体制を整える仕組み／8時間夜勤導入のプロセス／2対1の職員配置を実現する工夫／多職種協働の流れ

3　アセスメントの方法と体制づくり　033
情報をとらえる必要性とその方法／個別ケアの実践に必要なアセスメント／24時間シートの作成と活用／24時間シートの記入方法／24時間シートの効果／24時間シートを活用するための体制づくり

4　実践施設の取り組みから　045
──特別養護老人ホーム「おながわ」

II　住まいをつくる ― 049

はじめに　050

1　ハードからみた住まいのつくり方　052
「収容の場」から「居住の場」へ／ユニット型施設の考え方／暮らしから空間を考える／これからの高齢者施設は「いえ」から「まち」へ

2　環境整備からみた住まいのつくり方　063
施設を暮らしの場へ／入居者の希望を反映している？／認知症への理解を深め、しつらえの方向性を見出す／「ソフト力」としてのしつらえ／住まい手である入居者を理解する／しつらえの留意点／しつらえを活かせない？そんなときに！

コラム　ソファの置き方　072

i

3 実践施設の取り組みから　073
　　──特別養護老人ホーム「ハーモニー広沢」
　　──特別養護老人ホーム「かざこしの里」

Ⅲ 暮らしをつくる　079

はじめに　080

1 「食べる」（食事）を保障する　082
　　集団処遇時代の「食事」／個別ケアの視点から高齢者施設の食事を考える／食を保障するための工夫

2 「出す」（排泄）を保障する　091
　　おむつの定時交換の問題点／信頼関係の形成／「今ある機能」を理解する／いつ、何を、どのように確認・観察するのか／排泄管理チャートの活用
　　コラム 随時交換で表情が変わった！　098

3 「寝る」（睡眠）を保障する　099
　　睡眠の効果／お年寄りは全員「早寝早起き」？／自分にとっての睡眠を考える／一人ひとりの睡眠を保障する／快適な睡眠の要素／睡眠薬の是非

4 「暮らしのひろがり」を保障する　109
　　暮らしのなかの彩り／社会とのつながりの継続／暮らしのひろがりを保障する

5 「医療との連携」から暮らしを保障する　124
　　最善策となるべきは予防／高齢者の疾患と特徴／アセスメント──情報の整理と共有／ターミナル期における連携と協働

6 実践施設の取り組みから　133
　　──特別養護老人ホーム「龍生園」

Ⅳ 暮らしを続ける　137

はじめに　138

1 情報の伝え方①記録　140
　　記録の意義と目的／記録のあり方／記録がつなぐ家族との関係とケアプラン／記録の整理と工夫
　　コラム 省略・造語・専門用語・客観性　152　　主観的な記録に注意！　153
　　実践施設の取り組みから　154
　　──特別養護老人ホーム「きやま」

2 情報の伝え方②会議　157
　　これまでの会議とこれからの会議／効率のよい会議の運営／各種会議のあり方

実践施設の取り組みから　164
　　　　——特別養護老人ホーム「きやま」
3　職員の育成・研修　166
　　これまでと、これからの職員研修／必要とされるスキルの育成／職員研修のポイント／研修効果を高めるワークショップ
　　　実践施設の取り組みから　174
　　　　——特別養護老人ホーム「きやま」

編著者と執筆者一覧

序

ケアの視点を整理する

「個別ケア」といっても、何をすることか、その定義は曖昧です。
これでは個別ケアの実践はできませんし、個別ケアを浸透させていくこともできません。
そのためにはまず、ケアの視点を整理してみましょう。
ケアの視点は、高齢者施設の歴史をさかのぼると整理することができます。

高齢者施設の歴史

病院モデルによる集団処遇

図Aは、老人ホームの歴史と世の中の変遷を示したものです。1963年の老人福祉法の成立とともに、特別養護老人ホームが誕生しました。その誕生のモデルは病院であり（図B）、この時代はテレビや冷蔵庫、洗濯機、電話、車がある家はまれで、いまだ豊かとは言えない時代でした。

子ども部屋は、兄弟や姉妹が共有していました。物が少ない時代に建設された施設の建物は、こうした時代背景から、多床室、大食堂、大浴室の共同生活で、とにかく収容することに力が注がれていたのです。その結果、大きな集団が生まれ、その集団が一斉に生活を営むためには、「朝の8時から一斉に朝食」というように、時間の規律を設ける運営になり、日課表が誕生していきました（図C）。

この状況下のケアの視点は、集団・一斉であり、さらに病院をモデルにしたことにより課題解決型運営の規律を正し、全員一律のケアになっていきました。

ユニットケアの誕生

それでは、ユニットケアが誕生した現在の高齢者施設の暮らしはどうでしょうか。どの家にも洗濯機や冷蔵庫があるのは当たり前で、電子レンジもあり、食べたいときに自由に加熱調理して食べることができます。

テレビや車は一家に数台ある場合も多く、各自が自由に行動できます。電話に至っては、1人1台になってきました。当然、自分の

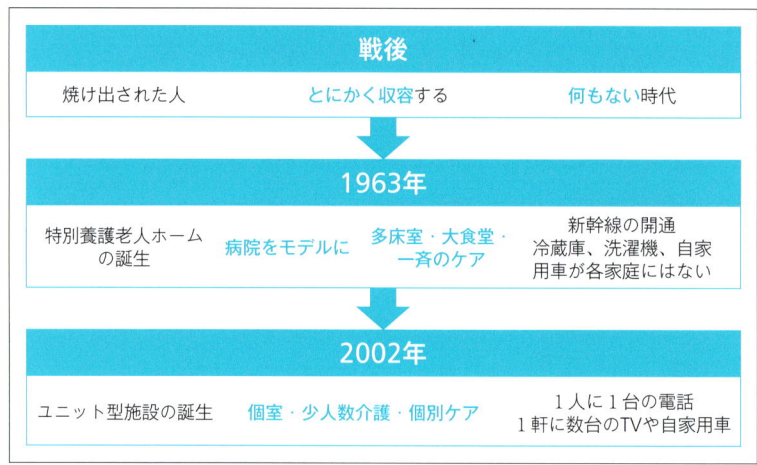

図A 老人ホームの歴史と世の中の変遷

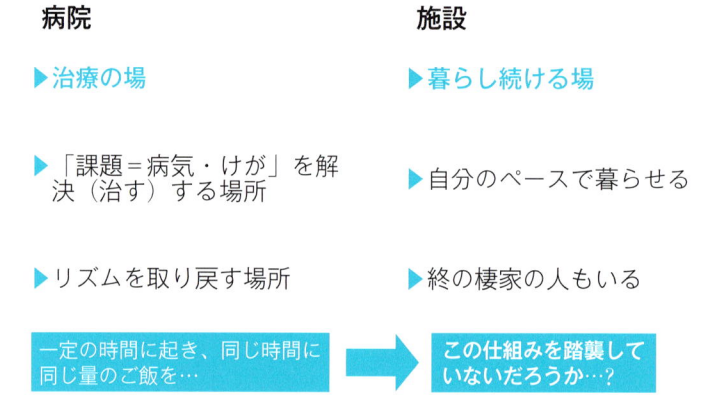

図B 病院モデルと住まい

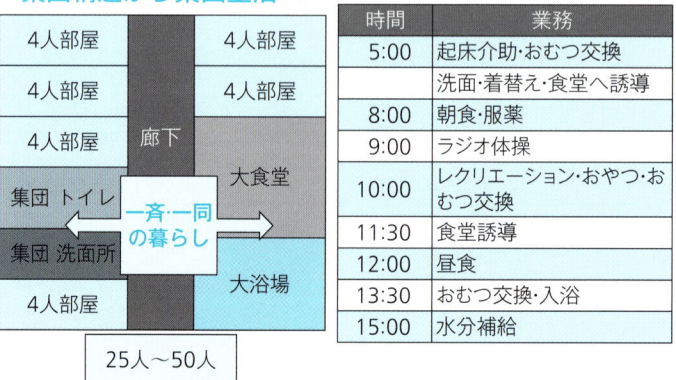

図C 建物から生まれた集団処遇

部屋をもち、多くの子どもたちにも個室が与えられています。このように現代は、物が豊富で個人が自由に暮らせる時代です。同じように施設も当然個室で、自分の見たいテレビを自由に見ることができ、食べたいものは電子レンジ等で自由に加熱でき、好きなときに食べられるという、個人が自由に暮らせる場であるべきです。

収容の集団から、個を尊重する時代に変化してきているとき、ケアの視点も同様に「個」に向けられるべきでしょう。しかし、現実はどうでしょうか。皆さんの施設では、同じ時間・場所・メニュー・量・食器の食事が提供されていませんか？

暮らしをサポートする視点

食べる・出す・寝る

皆さんが自分の暮らしで大切にしたいことは何ですか。おそらく、「食事」「自由な時間」「趣味」「家族との団らん」などさまざまでしょう。それでは、私たちが入居者の「暮らし」をサポートする際、何に視点を合わせればよいのでしょうか。食事でしょうか？　その人の趣味でしょうか？　このように介護では、暮らしをサポートするとき、「まずは何」という視点が共有されていませんでした。これではケアを共有することができず、ケアの標準化もできません。

「暮らし」で大切な視点を考える際には、生まれたての赤ん坊を例にするとわかりやすいです（図D）。赤ん坊が成長していくためには、ひたすらおっぱい（ミルク）を飲み、うんちとおしっこをして、

図D　赤ん坊の成長への営み

睡眠をとって大きくなります。これは身体（体力）を作る行為です。体力がなければ、何の活動もできません。ですからまずは、体力をつくるための「食べて・出して・寝る」ことが自分のペースでできること、介護の視点でいえば、個別に「食べる（食事）・出す（排泄）・寝る（睡眠）」をサポートすることと言えます。

ケアの視点を「1日」に合わせる

次に図Eをご覧ください。これは、皆さんの毎日の暮らしのなかの1日を切り取ったものです。介護を必要としない人は、誰の手も借りずに1日を過ごすことができます。

しかし介護を必要としている人は、何らかのサポートがなければ1日を過ごすことができません。暮らしとは、1日1日の積み重ねです。暮らしのサポートとは、「その人が1日暮らすためには何が必要か」と、ケアの視点を「1日」に合わせることが基本になります。

本来の自律支援

さらに大切なことは、1日の生活行為のなかで、できていることとできていないことを明確にすることです。介護の目的は「自律支援」、できないことのサポートです。

1日に視点を合わせた自律支援は、私たちの身体の生理機能も考え合わせた視点になります。例えば、「歩行」を例にしましょう。起きたばかりの状態では、誰もが動きにくいものです。要介護者はなおさらでしょう。

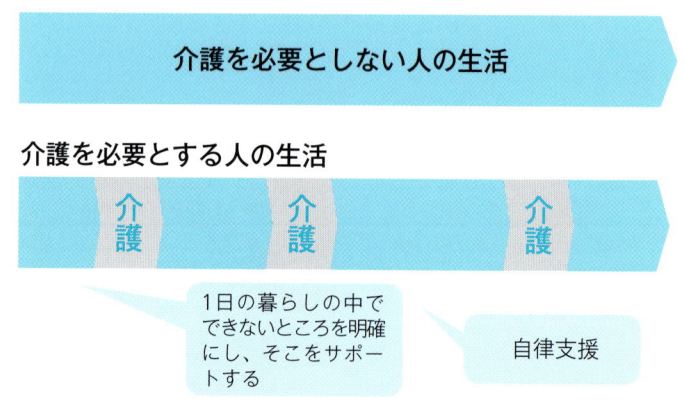

図E　暮らしのサポートとは?

「朝起きてトイレに行くためには歩行介助してほしいが、リビングに出る際は見守りだけでいい」「昼間のトイレへの移動は自分ひとりで大丈夫」というように、1日のなかでも身体の状態が異なります。本来の自律支援は、1日の暮らしの視点、24時間軸におけるすべての生活行為に目が向いていることが必要です。これらを知るツールとして、「24時間シート」があります。

暮らしをサポートするもの

建物と生活支援

1日のなかの「食べる・出す・寝る」という生活行為に視点を合わせて暮らしをサポートしていくためには、これらの行為が安全で安心してできる保障が必要です。そこには建物が関係します。

写真Aと写真Bの写真を比べてください。「あなたの好きなようにトイレに行ってください。それでかまいませんよ」と言われても、写真Aでは安心して用が足せません。一方、写真Bでは、自分の部屋にトイレがあるので、安心して体力の続く限りトイレに行くことができます。

このように、高齢者施設の暮らしには、安全かつ安心できる建物が必要になります。

チームケアと理念の共有

ケアの視点と建物の整備ができても、連続して切れ目のない1日24時間のサポートを展開できなければ、宝の持ちぐされです。どんなに優秀な介護職員がいても、1日8時間の勤務です。しかし、入居者の1日は24時間です。ですから、8時間勤務の職員が3人いないと、入居者の1日の暮らしはサポートできません。それも単に人手だけを用意すればよいのではなく、同じ理念のもと、同じ技術をもつ職員が必要になります。

また、暮らしの基本要素は「食べる・出す・寝る」です。そのためには、看護師や栄養士、事務職員など、他職種との連携が必要になります。これがチームケアです。チームケアは、情報の伝達と共有、職員の育成・マネジメントが求められます。

写真A　カーテンで仕切られたトイレ

写真B　扉で仕切られたトイレ

個別ケアを動かす仕組み

実践に必要な職員配置

ここまでを整理すると、図Fの❷❸❹になります。ここが整理されれば、個別ケアを稼働する準備は完了です。しかしこれでは、実践ができません。動かす部隊である職員配置・職員数の充足がないとできません。それが❶です。

スポーツにたとえれば、基本型（人数やフォーム…野球は9人、バッターが右利きのときは○の守備など）ということができます。この型を取得しない限り、スポーツも上達しません。個別ケア（ユニットケア）も同様です。

その具体的な項目として、生活単位と介護単位を一致させる、職員の固定配置があります。なぜ固定配置させるのかといえば、図Gのとおりです。

入居者の暮らしをサポートするということは、サポートする職員がサポートを受ける入居者に受け入れてもらわなければなりません。例えば、不特定多数による日替わりの対応ではどうでしょう。皆さんが入院したとき、「担当者は私です」と案内されたら安心するでしょう。それと同じく、いつも同じ人がかかわることで、自分のことを自分で表現できないもどかしさへのサポートがスムーズに行うことができるのです。

ユニットケア

理念（目的）
1人ひとりの生活習慣や好みを尊重し今までの暮らしが継続できるようにケアすること

❶少人数ケア体制をつくる
・10人前後の生活単位に固定配置された職員でケア（なじみの関係）をする
・それぞれの24時間の暮らしぶりをよく知る

❷入居者が自分の住まいと思えるような環境をつくる
キッチン・リビング・トイレ・入浴・洗面等が今までと変わらない建物の暮らしの場と、地域が感じられる場をつくる

❸今までの暮らしを続けてもらえるような暮らしをつくる
今までと変わらず、自由な飲み食い、炊きたてのご飯を食べる、ゆっくり楽しく入浴する等の暮らしをつくる

❹24時間の暮らしを保証する仕組みをつくる
・チームケアの仕組みをつくる
・情報の伝達・共有の仕組みをつくる
・入居者の暮らしに合わせた働き方の仕組みをつくる

図F　ユニットケアの4つのポイント

個別ケア実践の数の論理

　固定配置には、入居者何人に職員何人の配置がいいのか、個別ケアを実践するための数の論理を理解する必要があります。

　図Hは、情報量から個別ケア実践の仕組みを説明したものです。個別のサポートを充実させるためには、入居者1人当たりの情報量は多いにこしたことはありません。ユニットケアは10人前後の生活単位なので、ユニットに職員を固定配置して、1人の入居者の情報量を多く取得する取組みが求められています。

　2つのユニットを1つの介護単位にする運営は、入居者1人当たりの情報量が半減することになり、そのぶんきめ細かなケアができないことになります。同じユニットケアでこうした差ができるのはおかしなことです。ユニットケアの最大の特徴は、生活単位と介護

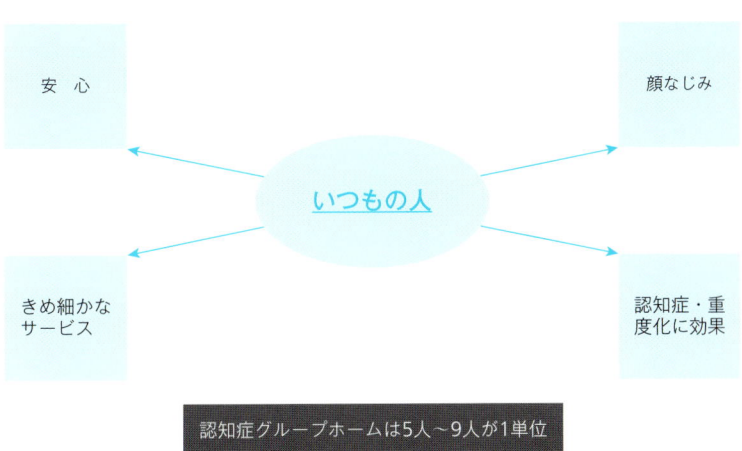

図G　少人数・固定配置の理由

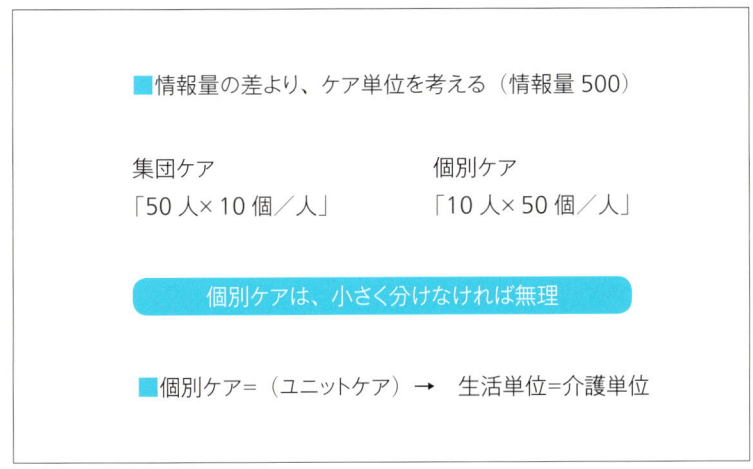

図H　少人数ケアの原理

単位を一致させることです。そのためにも、職員1人に対して入居者1人の配置がなければ、固定配置はできません。

個別ケアの実践には、まず「理念」で目的を共有し、実践の体制（図Fの❶）を作ります。そのうえで、❷当たり前の住まいと、❸「食べる・出す・寝る」といった自由な過ごし方、❹24時間のサポート体制を整備します。この項目が一つでも欠けたときには、個別ケアの実践はうまくいかないでしょう。

本書では、その具体的な取組み、実践例をご紹介していきます。自分のケア、自施設の取組みと比べてみて、良いところや課題を見つけてください。

I 個別ケアの基本フォーム

個別ケアを提供するためには、前提となる組織づくりが欠かせません。
組織づくりに必要とされる知識と仕組みを探ります。

はじめに

個別ケアを行うためには、ユニットごとに専任の職員を配置し、入居者の1日の暮らしにケアの視点を合わせた情報を得て、サポートを展開します。その体制は24時間シートをもとにした勤務表です。
ユニットごとに暮らしは異なるので、ユニットごとに自由にシフトを組んで勤務表を作成する体制なくして、個別ケアの稼働はできません。
「Ⅰ　個別ケアの基本フォーム」では、その理論と具体例を示します。

個別ケアのフォームをつくることの意義は「序」の6ページで述べたとおりです（表1-1）。入居者の24時間の暮らしをサポートするためには、一人当たりの情報量を多くするという原理（33ページ参照）が存在します。そのためには、介護職員の固定配置は欠かせません。固定配置することにより、入居者が落ち着いた暮らしを取り戻し、職員の士気が上がる事例もあります。

しかしなかには、職員を固定配置すると職員が一人で勤務する時間が存在することで、利用者が不安になるということを聞きます。不安があるときはその不安を取り除くことが大切で、複数の職員がいれば解決できるというわけではありません。

その不安を取り除くために24時間シートがあります。暮らしのサポートは、入居者がどのように暮らしていきたいのか、何をサポートしてほしいと言っているのかがわからないとできません。不安とは、このいずれかの情報が欠けていることなので、24時間シートの活用が不可欠です。

24時間シートについて簡単に説明しておきましょう。入居者のサポートをするときには、ケアの視点を入居者の1日に合わせて、どのように暮らしていきたいか、何が自分でできて何をサポートしてほしいのかを教えてもらう必要があり、24時間シートはそのためのツールです。

今までもこのようなケアの視点はありましたが、具体的にデータをどのように取ればよいのかという具体策が欠けていました。この24時間シートは、介護現場の仲間で「どうしたら個別の暮らしの

表1-1　個別ケアの3つのフォーム

①生活単位と介護単位を一致させ、介護職員を固定配置する
②入居者の24時間の暮らしに合わせた情報の収集（24時間シートの活用）
③ユニットごとの勤務表を作成する

表1-2　労働負荷を避ける3原則

①夜勤の数と休日の数のバランスをとる
②法定指定休日を週1日以上とる
③夜勤時間を工夫する

サポートができるか」という試行錯誤を繰り返した結果誕生した、現場発のツールです。専門家への第1歩、それは情報を得る、顧客ニーズを知ることから始まります。

　勤務表は、管理職が全職員分まとめて作成する時代から、ユニットごとに、入居者のニーズに合わせて職員自ら働き方を考案して作成する流れに変わってきました。これは「利用者主体」のケアの実践になります。

　そのためには、多くのフォーメーション（シフト）が必要になります。そして、入居者の活動をサポートするためには、日中なるべく多くの介護職員を配置する工夫も必要です。そこで8時間夜勤が誕生しました。従来の16時間夜勤の2勤務制から、1日勤務の8時間制になったことにより、日中1人の職員配置が可能になるのです。そのためには、職員の労働負荷にならないための3原則があります（表1-2）。

1 生活単位と介護単位

入居者が暮らす生活単位と、介護職員がサービスを提供する介護単位が一致しなければ、個別ケアの推進は難しいものです。
まずは生活単位と介護単位の考え方について整理します。

生活単位と介護単位の「一致」

生活単位と介護単位の「一致」とは、入居者の「生活単位」を、一つのチームとしての「介護単位」が専属で支援するという意味での「一致」を指します（図1-1）。

夜間は、二つのユニットを1生活単位とします。これは、夜間は入居者の活動も少なく、必要な情報も介護の量も限られるためです。

しかし、日中においても二つの生活単位を一つとして、二つの「介護単位」が合同で支援すると、介護職員はどちらのユニットにも帰属意識をもつことがなくなり、入居者とのかかわりが希薄になる傾向があります。さらに、介護職員と入居者の間には「介護する・される」といった垂直の関係が強くなり、生活を横から支える水平の関係が希薄になりがちです。

加えて、生活単位を10人前後として介護職員が常時2ユニット以上を受けもつと、入居者は20分の1の存在として扱われることになります。その結果、入居者は介護職員の動きを目で追っているか、あきらめて居眠りを始めることでしょう。この悲劇を避けるためにも、生活単位と介護単位の一致は不可欠です。

ユニットケアの効果

暮らしを支えるために不可欠な、生活単位と介護単位が一致しているユニットケアがもたらす効果について、いくつか紹介しましょう。

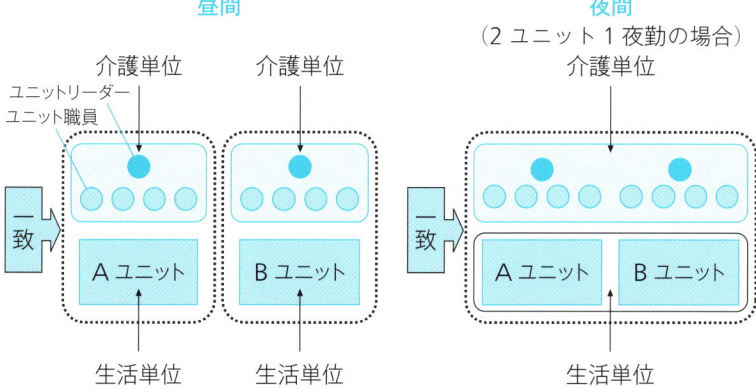

・昼間は昼の生活単位（1ユニット）に介護単位を合わせます
・夜間は2ユニットが介護単位となります

図1-1　生活単位と介護単位の「一致」

認知症の人と介護職員のなじみの関係

　認知症の人にとって、視覚的にも聴覚的にも刺激が少ない環境は症状の悪化につながるといわれています。落ち着いて過ごせる空間に自分の居場所を見つけることが、行動・心理症状の緩和につながることは、認知症ケアの専門家も認めているところです。

　入居者の不安を取り除き、介護職員と親密な関係を保ち、ともに暮らすことで、介護職員と入居者に絆が生まれ、誰かとともにいたいという人間本来のニーズを満たすことになります。

小さな変化に気づく

　介護職員が一つの生活単位に専属でケアをしていると、入居者の個性や好みはもちろん、小さな体調の変化に気づくことがあります。「今日は眼が少し赤色をしているから血圧を測ってみよう。手指の動きが少しぎこちなく見えるので、すぐに受診してみよう……」。こうした小さな変化に対し、迅速かつ適切な対応が可能になります。

　早期発見、早期治療は入居者にとって大切です。私たちが1か月入院すると、入院期間の3～4倍の時間をかけて体力を元の状態に戻すといわれます。高齢の入居者はそれ以上の期間が必要になるのはいうまでもありません。また、完全に元の状態には回復しないのが一般的です。

「あと1～2時間遅かったら大変でしたが、早く受診されたので、

今なら薬で対応できます。しかも、数日の入院で退院できます」と医師からほめられ、入居者が大事に至らなかったことは一度や二度ではありません。

家族との信頼関係が深まる

　なじみの関係は、入居者と介護職員の関係だけではありません。ユニットの介護職員と家族の信頼関係も深くなります。家族と介護職員の関係がよくなることで、入居者の生活情報の共有が質・量ともに多くなり、ケアの質の向上に結びつきます。

　また、高齢者施設への信頼が深まることで、最期の時を高齢者施設で看取りたいと希望する家族も多くなります。介護職員が看取りのケアを体験することは、介護力にとどまらず精神的な成長を促し、チームの結束力も強くなります。

　介護単位は、入居者の情報を把握してサービスに活かし、介護職員としてやりがいを見つけることのできる単位でなければなりません。たとえ職員比率※が確保できていても、24時間2ユニットの生活単位で運営しているとすれば、職員中心の価値判断で行動しているか、「してあげる介護」から脱却できていないかです。その場合は、どうすれば生活単位と介護単位の一致ができるのか考えましょう。

> 職員比率…看護師・介護職員等が直接介護し、勤務シフトに組み入れている職員数を1としたときの利用者数。2対1（入居者2名に対して職員1名）のように表わします。

生活単位とは

人は多様であることの理解

「生活単位」とは、入居者が暮らす生活の人数（定員）を単位として考えることを指します。入居者が生活しやすい人数として、法令では「概ね10人以下、10人を超えるものはユニット総数の半数以下」と定められています。

　それでは、ユニットの定員が意味するものは何でしょう。入居者の視点から考えると、ユニットで暮らすために適した、生活しやすい人数であるかどうかです。

　高齢者施設である以上、入居者は共同生活をすることになります。そこでは社会的な関係性や人間関係がどのように構築されるかを考える必要があります。入居者は、長い人生をそれぞれの価値観をもって生き抜いてきた高齢者です。また、長い時間を経て培ってき

図1-2 生活のあらゆる場面で変わる人間関係

た個性は多種多様といえます。一人で居ることを好む人や、比較的大勢でにぎやかに過ごすことを好む人、人づきあいが苦手な人や得意な人など、個別ケアは「人は多様である」ことを理解することが始まりです。

場面に応じた人間関係

　人間関係についていえば、入居者の個性や好みだけで定義することはできません。生活の場面に応じて人間関係は変化します。食事をするときは一人がいいのか、誰かと一緒のほうがいいのか。それは常になのか、たまになのか。雑談をするのは2〜3人がいいのか、大勢がいいのか……。

　そのうえ、人数の問題だけではありません。世の中には、気の合う人と合わない人が存在します。気の合わない人と常に顔を合わせていくのは、入居者に限らず人間誰もがもつ苦しみだとしても、生活のあらゆる場面で気の合う人と過ごせるよう、人間関係に配慮できるある程度の人数が必要です。人生の最終章では、この苦しみをできるだけ軽くしたいものです(図1-2)。

個人の埋没

　それでは、場面ごとに変化しやすい人間関係を維持するためには、何人程度の人数が適しているでしょうか。

図1-3　大きすぎる生活単位の弊害

　人数が多いほど、さまざまな変化に対応できるのかもしれません。しかし一方で、生活単位が大きいことによるデメリットを考えなければなりません。入居者にとって、20人〜30人、場合によっては50人のなかの一人となったとき、自分を見つめてもらう機会が少なくなるのは当然です。集団が大きければ個が埋没してしまうという危険があるのです（図1-3）。

　介助のとき以外、誰からも声をかけてもらえない自分がいるとすれば、皆さんは耐えられますか？　介護職員の動きをじっと目で追っているのに、声をかけてもらえないのです。

　それでは、少なければよいのでしょうか。特別養護老人ホーム「天神の杜」では、入居者7人が1ユニットとなった生活単位を試みたことがあります。このとき、まとまりが強いときは盛り上がり、団結力のようなパワーを強く感じることがありました。

　しかし一つ問題が起こると、入居者は他人の動きが気になり、つぶやきを漏らすことになります。そのつぶやきが小声であっても、7人という小さな集まりなのですぐ耳に入ります。誰かが入院すると、その閉塞感が強くなるようです。Aさんはご飯をよくこぼす、耳が遠いからいつも大きな音でテレビを見ているなど、愚痴も多くなるようです。

特別養護老人ホーム「天神の杜」…京都府長岡京市にある全室個室ユニットの特別養護老人ホーム。定員70名（ショートステイ20名含む）。

図1-4　適当なユニットの人数とは？　　　図1-5　向こう三軒両隣の近所づきあい

外部からみた生活単位

　「生活単位」について、一般の人はどのように考えているのでしょうか。さすがに考えてみたことまではないと思いますが、一般の人も高齢者施設の暮らしには興味があるようです。

　特別養護老人ホーム「第二天神の杜」を開設した時のことです。竣工直後、近隣の住民を招待して内覧会を開催しました。

　その際、1ユニットの個室数がすべて10室である理由について質問を受けました。反対に「今日はどなたとお見えになりましたか」と尋ねると、近所の奥さんと4人で来られたとのこと。今日の内覧会のことを聞いたので、誘い合って来たのです。

　常に同じ4人や6人で動いていると閉塞感もあるでしょう。場面によって組み合わせが変えられる10人程度が適当だということです（図1-4）。向こう三軒両隣が一つの地域社会というのであれば、6家族で10人程度でしょうか（図1-5）。

生活単位とサービスの質

　ここまで人間関係という視点で生活単位を考えてきました。生活単位が大きすぎると大勢のなかの一人となり、個が埋没してしまいます。入居者にとって、個の埋没ほど恐ろしいことはありません。

　常に気づかってもらえず、小さなサインは無視され、訴えに対しても耳も傾けてもらえない。介護職員が「決してあなたはその他大

> 特別養護老人ホーム「第二天神の杜」…2010（平成22）年6月に開設した全室個室ユニットの特別養護老人ホーム（京都府長岡京市）。定員60名。

勢ではありません。いつもあなたのことを気にかけています」と言っても、担当する入居者が50人いるとすれば、10人と同じようには情報を処理できません。たとえほかの介護職員より多くの情報を得たとしても、得た情報を知識や技術に置き換えてサービスを提供しなければ意味がありません。

介護単位とは

介護職員が受けもつ入居者の範囲

　生活単位を理解したあとは、何人の職員が介護に携わるのかという、介護職員の人数を考えることが大切です。さらに、介護職員が受けもつ入居者の範囲、すなわち介護単位について考える必要があります。範囲については、日中と夜間に分けて検討します。

　受けもつ職員の人数を検討する際は、職員比率や看・介護比率、常勤換算などの意味を理解し、1か月のユニットあたりの労働時間（サービス提供量）を的確に把握しましょう。「忙しい」「人手が足らない」と嘆いても、あとどれくらいのマンパワーが必要なのか、時間単位・金額ベースで話ができなければ、労働環境やサービス体制の改善を行うのは困難です。

　また、夜の勤務（夜勤）についても、8時間勤務の1労働夜勤（3交代制）なのか、16時間勤務の2労働制（2交代制）なのかなど、夜勤の体制について決める必要があります。

　8時間勤務（の夜勤）は、入居者が活発に行動する日中の時間に多くの介護職員を配置することで、介護職員が日中、入居者とかかわる時間を多くもつ方法です。つまり、入居者に軸足を置いた入居者本位の勤務形態といえます。

夜勤体制から介護職員の最低数が決まる

　介護職員数を決める時は、「2ユニットごとに1名以上の夜勤者を配置する」と制度で決められているので、まずは夜勤体制から人数を計算しましょう。

　話を単純にするため、1か月に夜勤が30回あるとします。2ユニットで1人の夜勤者を配置するためには、何人の介護職員が必要でしょうか。

　この場合、守るべきルールがあります。たとえば月に21日間働

看・介護比率…利用者数と看護師・介護職員の合計を対比して、職員の配置状況を表わします。特別養護老人ホームでは、看護師が介護や夜勤等のシフトに入らないことが多いので、介護量の比較に用いるのは難しいといえます。

常勤換算…非常勤職員を常勤職員数に換算する方法。通常、非常勤職員の1週間の就業時間数を、施設が定めている常勤職員が勤務すべき1週間の勤務時間数で除したものです。就業規則上の常勤職員の勤務時間が40時間のとき、非常勤職員が週16時間勤務であれば、0.4になります。

表1-3 望ましくない夜勤体制

夜勤	遅出	夜勤終了後、遅出に入らせる
早出	夜勤	早出終了後、夜勤に入らせる

く職員の休日は9日間です。1労働夜勤の場合、21時か22時頃から翌朝7時頃までが夜勤なので、夜勤が終わった日の7時頃から休日となります。

　当然、夜勤に入る日の夜までは自由です。ですから、月に3回、多くても4回までに夜勤を抑えることに加え、夜勤と遅出・早出をセットとする労働過重は避けなければなりません（表1-3）。

　例に戻ると、1か月30日÷3.5回≒8.57（人）となり、夜勤者が9人必要となります。

　夜勤者9人の勤務日数は9人×21日＝189日となり、そこから30日の夜勤数を引くと、159日となります。夜勤は2ユニットで1人なので、その半分が1ユニット分の労働量となり、159÷2＝79.5日となります。

　ここから早出30日と遅出30日を引くと19.5日となり、20日程度が日勤帯の勤務量になります。つまり、30日のうち19.5日を差し引いた10.5日、つまり10日ほど日勤帯の介護職員がいないことになり、一人勤務が長時間続くこととなります（図1-6）。

　この事態を避けるためには、介護職員を1人増員して1ユニット5人体制とするか、10日分の日勤帯をカバーするパート職員を0.5か月以上配置する必要があります（図1-7）。

　このように、日勤帯に介護職員が手厚い施設とそうでない施設では、介護の質に歴然とした差が生まれます。「日中を通じて1名の介護職員を配置する」を守るだけでは、1ユニットを4人未満で切り盛りすることになり、この場合の職員比率は2.5対1より低くなります。

ユニットケアもどきの職員配置

　こうしたユニットケアもどきの状況において、介護職員はどのようなケアを強いられるのでしょうか。職員配置が少ないときの弊害をあげてみます。

図1-6　長時間続く一人勤務

図1-7　パート等の活用により、日中をカバー

・一人勤務が長時間続くため、入居者とゆっくりかかわることができない
・時間に追われるため、職員側のペースでサービスを提供している
・入居者の個別性を尊重したケアをしたくてもできない
・夜明け前から起床介助を始めないと、朝食を食べてもらえない
・食事と排泄介助がすむと、すぐに就寝介助となる
・排泄介助や入浴介助は流れ作業になったり、複数のユニットを受けもつ介護職員が担当している
・介護職員のユニット固定とは名ばかりで、2ユニット以上を一つの介護単位で運営している

このように、最低でも2対1の職員比率を確保できなければ、個別ケアの提供は難しいです。しかし、1ユニット6人のように生活単位が小さいと、同じ職員比率でも介護職員数は3人となり、夜勤体制を満足に組むことができません。ハードを設計するとき、このことを押さえておく必要があります。夜勤・早出・遅出・日勤の4勤務が組めるシステムが欠かせません。

生活単位と介護単位の相乗効果

適切な部下の人数

ここからは、ユニットごとにリーダー（ユニットリーダー）を固定配置し、ユニットリーダーがユニット担当の介護職員をまとめる介護単位とすれば、どのようなメリットが生まれるのか考えてみます。

「スパン・オブ・コントロール」とは、組織において上司が統制（コントロール）できる部下の範囲を意味する用語です。これは範囲、つまり部下の数には限界があり、部下の数の違いで統制力に違いが現われることを意味します。

部下の数が1～2人と極端に少ない場合と極端に多い場合の違いをみてみましょう（表1-4）。

業種や業態によって多少の違いはあるものの、仕事にスピードが求められ、統制すべき内容が複雑になった今日、部下の数は5±2人程度と考えられています。

マネジメントが主な任務であれば10人程度の部下を統率することも可能でしょう。しかしユニットリーダーのように、自分も一職員として働きながら統率するプレイング・マネジャーの場合、5～7人の部下が妥当と考えられます。2対1の職員比率かつユニット固定配置であれば、1人のユニットリーダーに対して、パート職員を含めると部下が4～6人となり、理想的なスパン・オブ・コントロールになります（図1-8）。

フラットな組織の強み

サービスの内容が変化し、さらにタイムリーな対応が求められる業種では、フラットな組織で権限をもったユニットリーダーを配置

表1-4　部下の数の違いによるメリットとデメリット

部下の数が極端に少ないと…	部下の数が極端に多いと…
閉塞感が強い	コミュニケーションがとりづらい
管理意識が強くなり、部下の自主性が育ちにくい	部下が自由勝手に行動し、効率が低下する
管理者の人件費が高くついてしまう	人件費は安価
考えが先行するあまり、機動力に欠ける	上司は管理に追われ、問題の検討や思考ができない

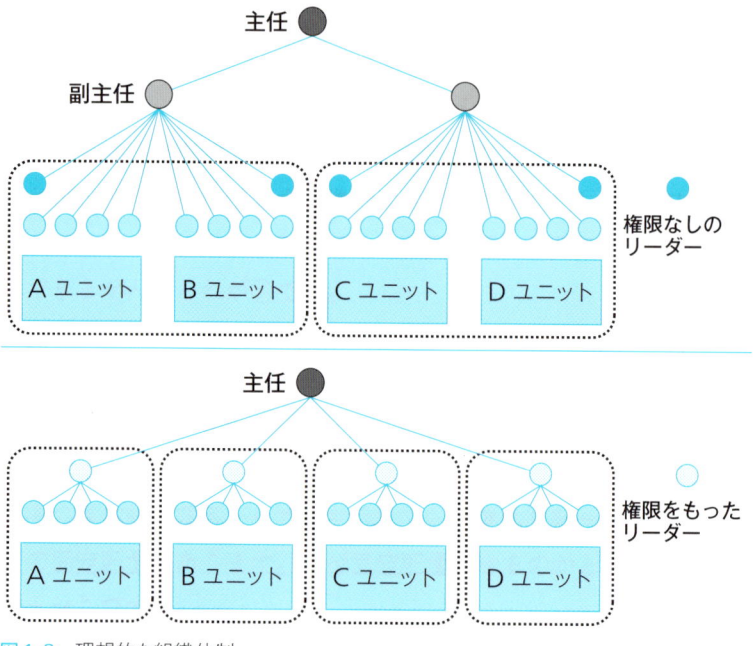

図1-8 理想的な組織体制

した組織が効果的です。

　介護サービスは本来、定型化しにくいサービスです。個別ケアが目的のユニットケアにおいて、業務を定型化できる範囲はより小さくなると考えます。権限をもったリーダーがいて、入居者や家族のニーズに迅速に対応することが可能となります。フラットな組織はユニットケアに最も適切な組織形態だといえるでしょう。

介護サービスの使命

　ユニットケアといわれる小規模ケアの目的は、個別ケアを提供することです。つまり、そこで暮らす入居者一人ひとりの生活習慣や好みを尊重し、今までの生活が継続するように努めることです。

　次に、法人や施設、事業所の存在理由を明らかにすることです。社会福祉法の第3条「福祉サービスの基本的理念」には、「個人の尊厳の保持を旨とし」「良質かつ適切な」サービスを提供しなければならないと定められ、義務づけられています。この理念を遵守する事業者は、社会福祉法人のみならず、社会福祉サービスを提供するさまざまな事業体すべてが対象とされます。

　サービスを提供する各事業者によって、その規模や歴史、理念、

事業方針、財務、雇用環境等の状況は異なります。しかし福祉・介護サービスを提供する限りは、基本的理念を念頭において運営しなければ、その存在を社会的に問われることになります。

　さらに、法人を運営する立場の人には、職員に働きがいのある職場を提供する義務があります。いくらすばらしい人材が働いていても、その能力を活かさなければ宝の持ちぐされです。また、経営者に限らず管理者の使命は、職員一人ひとりが「社会的に価値の高く、サービスを受ける利用者から喜ばれる仕事だ」と認識できる職場づくりに努めることです。

　加えて、業種や業態が異なっても、組織の風土、雰囲気づくりは欠かせません。つまり、❶サービスの利用者（お客さま）を大切にし、❷仕事に対してはプロとしての厳しさをもち、❸人には愛情をもち、人を大切にし、❹公明正大で自由闊達な雰囲気をもった組織を形づくり、❺工夫や提案が絶えない創造へのチャレンジ精神をもつ組織を目指すことです。このためにも、生活単位と介護単位が一致した、2対1以上の職員比率を確立すべきです。

2

職員体制

生活単位と介護単位を一致させるためには、職員配置の工夫が欠かせません。
それでは、多様なシフトを組む際には、
どのようなことに注意すればよいのでしょうか。
そのための職員体制について、掘り下げて考えます。

理念と職員体制

理念の意義

　皆さんの施設や事業所には、個別ケアを実践するための「理念」が掲げられていますか？　理念とは、たとえ新人職員であっても理解することができ、入居者の訴えに迷ったり、サービスの方向性に迷った時に再確認できる旗のようなものです。この「旗」があるからこそ、さまざまな職種が勤務する高齢者施設においても、多職種が協働して統一したケアが提供できるのです。

　理念はわかりやすく明確であることに加え、理念のもとにサービスが展開されているか、入居者の暮らしや介護職員の勤務が検証されていることが必要になります。

　旗（理念）は、掲げられているだけでは意味がありません。「旗（理念）を振る」ことが必要であり、振り続けることで統一された個別ケアの実践につながります。

　管理者や中間管理職が理念を語ることも大切です。口頭や書面、施設内のLAN（Local Area Network）を利用するのもよいでしょう。いつでもどこでも、全職員がイメージできることが理想です。

理念を実践するための職員体制

　この理念を個別ケアとして現場で実践するために欠かせないことの一つに「職員体制」の構築があります。

　立派な理念があっても、実践する組織がなければ入居者の暮らしに反映させることはできません。これまでの集団ケアは、介護職員を主体とした勤務シフトに主眼が置かれていました。いわば、職員

体制に合わせて入居者が暮らしていたのです。そのなかでは当然、生活そのものも限定された時間内に集約されざるを得ません。

時代が変わり、一般のサービス業界でも「個別性」「一人ひとりのニーズに合わせた」サービスが提供されています。介護においても、個別ケアの基本の一つとして、生活単位と介護単位をできるだけ小さくして介護職員を固定配置し、そのなかで入居者一人ひとりのニーズに柔軟に対応する職員体制・勤務シフトが必要になってくるのです。

ユニット型施設というハードと従前の勤務シフト

ユニット型施設において、どうも運営がうまくいかないといった悩みの原因の多くが、実は職員体制・勤務シフトにあります。

建物(ハード)がユニット型施設であるにもかかわらず、従来の「16時間夜勤」「日中帯3パターン」という勤務シフトで運営している施設が多いようです。これでは、入居者一人ひとりのニーズに応えることが困難なばかりか、深夜帯に2ユニットを一人の介護職員で対応する夜勤業務の負担は、従来型施設よりも増大してしまいます。

入居者の暮らしに合わせる勤務シフトの運用は、入居者ばかりではなく、介護職員の働き方にも効果的です。ユニット型施設では、以下に述べるような勤務シフトを導入している高齢者施設の多くが「入居者の個別ニーズに柔軟に対応できるようになった」「介護職員の負担やストレスの軽減につながった」という感想をもっています。その前提には、2対1以上の職員配置も欠かせません。

職員体制を整える仕組み

勤務シフトと24時間シート

暮らしに合わせる勤務シフトを作成・実施するためには、入居者の日々の暮らし(情報)をしっかりと把握することが大切です。24時間シート等を活用し、入居者の情報を収集しましょう。

表1-5のように、個別ケアを実践している多くの高齢者施設では、夜勤を含めて10～20パターンにもおよぶ勤務シフトを用意しています。従来の早番・日勤・遅番等の基本シフトがさらに細分化され、30分単位で分かれているのです。これによって、入居者一人ひとりの暮らし方に合わせた働き方が可能になります。

24時間シート…入居者一人ひとりの「日課」「意向・好み」「自分でできること」「サポートの必要なこと」を明文化することで、個別に対応する根拠を明確にして、情報共有しやすく統一したケアができるようにしたシート。

表1-5 入居者の暮らしに合わせた多様な勤務シフト例

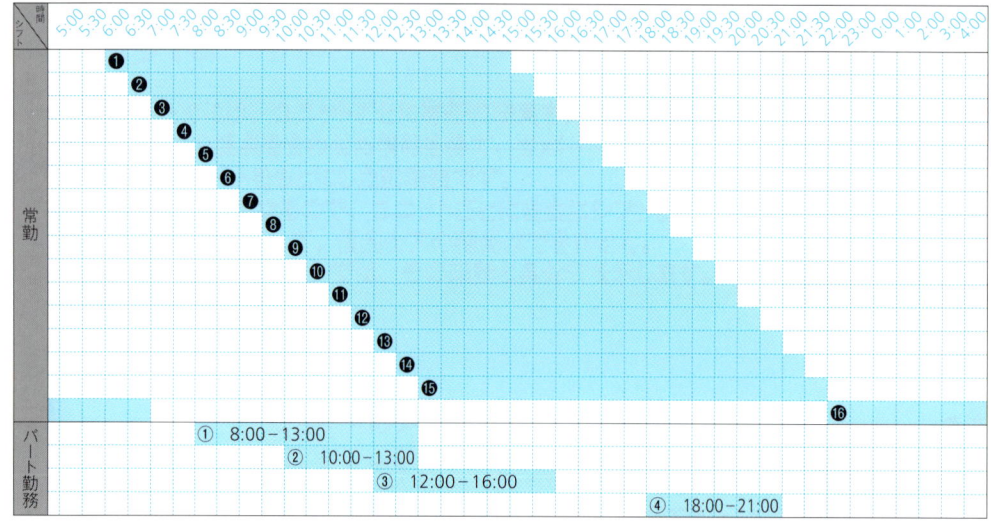

　介護を必要とする入居者も、24時間常時介護を必要としているわけではありません。整備された勤務シフトを有効に使うためにも、どの時間帯に介護量を多く必要とするのかを考えましょう。必要に応じて短時間のパート職員を導入することも効果的です。

　食事に介助を必要とする入居者が多ければ、食事の時間帯に人手を厚くし、個別外出等を予定している場合には、外出の時間帯に人出を厚くすることが可能です。施設内でルールを決め、介護職員が入居者の暮らしに合わせて簡単に勤務シフトを決められる柔軟な対応も必要です。その基本は、ユニット単位で勤務シフトを作成することです。

起床介助の変革

　前述の勤務シフトの特徴は、人間の基本的な生理リズムに合わせ、介護職員を日中の活動時間帯に多く配置し、夜間はゆっくりと安眠してもらうことに着目した点にあります。

　夜勤者の退勤と早番の出勤が交差する時間は限られているため、情報の伝達・共有が重要になります。そのためにも、その仕組みをしっかりとつくっておくことが必要です（図1-9）。

　従来の16時間夜勤では、夜勤者が翌朝10時頃まで勤務することに加えて、朝食の時間までに入居者を起こさなければならないとい

職員主体の16時間夜勤

夜勤者
「朝食までに起きてもらわないと、早番に迷惑がかかる」と余計な気づかい。
朝食までの時間を逆算すると、5時頃から起床を始めることになる。

遅番
「自分が帰る時間までに就寝介助を終わらせないと、夜勤者に負担がかかってしまう」と余計な気づかい。
自分の帰る時間を逆算して、入居者は眠くないのにベッドへ誘導してしまう。

早番
「遅番が来るまでに、ここまでは終わらせておかないと、午後の業務に支障が出る、遅番に迷惑がかかる」と余計な気づかい。
遅番の出勤時間を逆算して業務を進める。

根拠のないケアと、ルールがなく職員同士の気づかいから始まる負の連鎖

8時間夜勤への変革

夜勤者
「早起きの○○さんと○○さん以外は、早番が来てから対応する」という根拠を明確にする。
「職員同士の仕事の手順よりも入居者中心」というルールをつくる。

遅番
終業時間を遅くする（22時まで等）ことで、気持ちにゆとりをもたせる。
「24時間シート」をもとに就寝の根拠を明確にする。「職員同士の仕事の手順よりも入居者中心」というルールをつくる。

早番
「24時間シート」をもとに、個別に過ごせるように対応する根拠を明確にする。
「職員同士の仕事の手順よりも入居者中心」というルールをつくる。

ケアの根拠を明確にして、皆でルールをつくり、気づかいをなくすことで、職員主体からの脱却

図1-9　夜勤の勤務シフト見直しの効果

う固定観念や、早番の仕事への気づかいから、入居者は朝5時頃から起床させられ、朝食の時間まで2時間以上食堂のいすで待ち続ける姿が見られました。

　しかし8時間夜勤では、夜勤者は早起きの入居者以外の起床介助（モーニングケア）には対応しないため、早番がほかの入居者の起床介助からスタートするというルールをつくっておくことが大切です。そうすることで、出勤してきた職員がゆっくりと、入居者の希望する起床時間に起床介助をし、入居者が起床した順番に朝食の準備を行うことができます。10人程度の生活単位なので、職員もあわてずにゆっくりと一人ひとりのニーズに応えることができます。

就寝介助の変革

　就寝介助（ナイトケア）についても同じことがいえます。遅番の終業が19時ぐらいだとすると、早く業務を終わらせたいあせりや、夜勤者への気づかいから、入居者は夕食後にゆっくりする時間もなく居室・ベッドへ誘導され、「早く寝かさないと…」という職員本位のケアにつながりかねません。人間の生理的なリズムなので、早く寝れば早く起きてしまい、日常生活に支障をきたす「負の連鎖」を起こし、結果的に入居者と職員双方に不利益が生じるのではないでしょうか。

　遅番勤務の終了を入居者の就寝時間に合わせて21時から22時に設定することで、時間にゆとりが生まれます。夜勤者は入居者に「ゆっくりと安心して眠ってもらう」ことを第一に考え、就寝介助や起床介助にあたる時間帯の勤務が少なくなるので（入居者によっては24時頃まで起きていたり、早朝4時頃に起床する人もいます）、従来と比較すると負担の軽減は明白です。施設内にしっかりとしたルールをつくっておくことで、夜勤時の不安や負担の軽減につながります。この幅広い「入居者主体の勤務シフト」を看護師や栄養士にも活用すれば、入居者にとって、より専門性を深めたケアを提供できることでしょう。

　胃ろうによる経管栄養の管理などの医療的ケアが介護職員にも容認される流れになっている昨今ですが、看護師が対応することで、専門性と安心感をもったケアが提供できます。これは栄養士においても同様で、食事のケアにさらなる専門性をもたせることにつながります。多職種協働・チームケアを大切にする「個別ケア」の実現

のためにも効果的です。

8時間夜勤導入のプロセス

「入居者の暮らしを支える勤務シフト」構築の一番の特徴は、夜勤シフトにあります。16時間夜勤では、長時間の夜勤に備えて事前に仮眠や休息をとったりと、勤務開始前から職員の不安やストレスが発生しているといえます。

夕方出勤し、その日の業務に必要な介護用品等の確認をし、日勤あるいは遅番から日中帯の申し送りを受け、排泄介助、夕食介助、それに伴う下膳。再び排泄介助をして就寝介助へ。そして深夜帯をサポート。最後には申し送り、記録を経ての退勤。…年輩職員の負担を容易に想像することができます。夜勤業務のために身体に不調を訴えたり、精神的な不安から離職する介護職員が多いのが現状ではないでしょうか。

これは職員側からみたとらえ方ですが、入居者側からみても、長時間勤務で疲れた介護職員のケアを受けることには不安があるはずです。一方、8時間夜勤では、多くの施設が、22時頃出勤し翌朝7時頃退勤するシフトをつくっています。

この夜勤シフト導入で大切なのは、夜勤業務そのものに対する見直しです。夜勤業務の本来の意味をもう一度考えてみましょう。高齢者施設は「暮らす場所」です。家庭と同じような暮らす場所としてとらえれば、入居者に「ゆっくりと安心して眠ってもらう」ことが大前提になります。

夜勤業務そのものの発想やシステムが根本的に変わることから、ある程度の試行期間(3か月間程度)を設けて導入するとよいでしょう。

試行期間では、夜勤業務を行うすべての職員が体験することが必要です。いろいろな意見を取り入れていくと、職員も自分たちでつくったシフトに責任と誇りをもって働いてくれるのではないでしょうか。

夜勤者増員の検討

ユニット型施設の多くは、2ユニットを1人の夜勤者で対応する体制を取り入れていますが、それでも20人の入居者のケアを1人で行う現状です。

経営的に厳しい点もあるかもしれませんが、高齢者施設全体で一日の夜勤者を1人増やすという配慮があれば、緊急時の対応等もさることながら、夜勤者の安心につながることでしょう。ユニット数・グループ数の多い高齢者施設では、1日の夜勤者数も多くなるので、そのメリットを最大限に活用して、緊急時の協力体制等を決めておくことにより、何かあった時の不安が軽減されるはずです。この8時間夜勤は、入居者のみならず介護職員にもメリットをもたらします。

　それは、同じ職員数で日勤帯の介護職員を増やすことが可能になるためです。月曜日から日曜日の1週間でとらえると、1人の職員で日中勤務帯をできる回数が1回増えることになります（表1-6）。4週にすると4日も増える計算です。これは16時間夜勤で発生する「明け」という日がなくなるためです。8時間夜勤では翌朝が「指定休日※」となります。

　交代をスムーズにさせるためにも、申し送りをはじめとするルールが必要です。もちろん、入居者の暮らしが主体であることを忘れてはなりません。

> 指定休日…労働基準法で定められた休日（法定休日）以外に、会社や事務所が定めた休日のこと。

夜勤の回数

　また、8時間夜勤では「明け」がなく翌日が「指定休日」になることから、夜勤回数も1か月に4回程度を上限にすることが望ましいといえます。そのためには、夜勤のできる介護職員の確保や夜勤専門パートの導入等をおすすめします。

　試行期間を経て導入した結果、多くの高齢者施設で「以前の長時間夜間勤務はもうしたくない」という声が上がります。「明け」がなくなることで、疲れが抜けないのではないかというのは錯覚であって、「効率よくプライベートの時間を使えるようになった」という声が多数です。

　繰り返しになりますが、原則として夜勤の数は月4回というルールをしっかり遵守してほしいものです。そうしないと、日中帯に勤務してから夜勤業務へ、あるいは夜勤業務が終了してから日勤業務へ

表1-6　8時間夜勤と16時間夜勤で日中に差が出る

	月	火	水	木	金	土	日
16時間夜勤	夜	明	休	遅	日	早	休
8時間夜勤	夜	休	遅	日	早	休	遅

となり、介護職員の労力は限界を超え、何のための勤務シフト変更なのかわからなくなってしまいます。これでは入居者に良いケアなどできるものではありません。入居者の暮らしに寄り添い、効率の良い運営に向けて、8時間夜勤のスタート時にはしっかりと個々の勤務シフトとルールを確認して導入することが大切です。

2対1の職員配置を実現する工夫

現在の特別養護老人ホームの運営基準では、介護職員または看護職員は、多床室従来型であってもユニット型であっても常勤換算で3対1以上とされていますが、個別ケアを実践するためには最低でも2対1以上の職員配置が必要です。実際にシミュレーションを描いてみると容易にわかることです。

2対1の職員配置ですが、最近は介護職員のみで2対1と考えている高齢者施設も多いようです。これは、施設によっては看護師の確保が困難な現状に加え、看護師が介護現場で夜勤業務や幅広い勤務シフトで職務にあたっているかどうかという諸条件で違いが出てくるためです。

ユニット型施設において、介護報酬が従来型施設と比較すると高く設定されているのは、環境面や人員配置を考慮したものなので、介護職員のみによる2対1以上の職員配置を目指しましょう。

また、パート職員を効率よく運用することも、職員配置を厚くするコツです。介護量が多く必要な時間帯にパート職員を配置することによって、常勤職員の負担が軽減され、手厚いケアの実現にも結びつきます。パート職員に常勤職員と同様な研修プログラムを設けることによって、「戦力化」を実現させている高齢者施設もあります。夜勤専門や、早番シフト・遅番シフト専門のパート職員など、弾力的な運用が効果的です。

入居者の暮らしを支える個別ケアの実践では、しっかりとした職員配置が必要不可欠です。数多くの勤務シフトパターンを用意しても、それを実践する職員数が不足していては意味がありません。また、適正な職員配置をすることは、介護職員の離職を防止し、長期的に見れば入退職に伴うコスト（求人等の経費・事務手続き等の労力）を削減し、離職者が少なければ介護職員の経験値が増し、サービスの質の向上にもつながるのです。

多職種協働の流れ

　最後に個別ケアを実践するための職員体制として、「チームケア（多職種協働）」についてふれておきます。

　勤務シフトの考えのなかで多職種協働について述べましたが、一人の入居者をケアするにあたって、介護職員だけでは良いケアを提供できません。看護師の看護的なサポート、栄養士の「おいしい食事」のためのサポート、協力医師の医療面へのサポート、相談員・介護支援専門員のサポート、事務職などのサポートが必要です。そして、それらを束ねるマネジメント能力を問われる管理者と、さまざまな職種が個別ケアを実践するために、個別ケアの正しい知識を身につけることが必要となります。

　正しい知識を身につけることによって、多職種協働の流れができ上がり、チーム力が向上していくのです。

3

アセスメントの方法と体制づくり

職員と入居者の体制を理解したうえで、基本フォームの最後にアセスメントを取り上げます。
暮らしをつくるうえで必要とされるアセスメントについて、24時間シートをもとに考察します。

情報をとらえる必要性とその方法

高齢者施設の課題と原因

　高齢者施設におけるケアの提供は、多職種協働によるチームケアが基本です。どんなに優秀な職員がいても、その職員が24時間365日勤務することはできません。しかし、入居者の暮らしは毎日途切れることなく続いています。その継続する暮らしをサポートするためには、どの職員が担当しても同じようなケアをできることが求められます。ですから第一にすべきことは、入居者の24時間の暮らしのリズムを知り、かかわる人たちがその情報を共有することです。

　数多くの職員研修を通して感じるのは、入居者の暮らしをサポートできるだけの情報を、関係者が十分に把握していない実態です。仮に十分なアセスメントができている場合であっても、他職種との共有や伝達といった連携が十分でないという声が多く聞かれます。

　その原因として考えられるのは、日ごろから入居者に関する情報を収集し、必要なデータをとり、それを客観的に分析・評価をする仕組みがないということです。また、1人の入居者にかかわる情報が、業務別にバラバラであったためとも考えられます。

情報のとらえ方の違い

　人間は、同じ物を見ていても、見る人の見方によって、全く異なるものを見出して解釈することがあります。同じ事象を複数の人が見ても、その人の価値観や経験、そのときの心理状態などで、とらえ方は千差万別になる可能性があるのです。

　これと同じ現象が、皆さんの施設でも起きてはいないでしょうか。

2人の職員が同じ入居者を観察したとき、Aという職員から見れば「このくらいなら大丈夫」と感じることも、Bという職員には「この入居者には危ない」こととして見える場合があるのです。それぞれのとらえ方が違うことから、入居者にとって混乱のもとになりかねない相対するケアが提供される可能性があるといえます。

ケアの「見える化」

こうしたとらえ方の違いを解決するためには、情報を目で見てわかる形にすることです。2人の職員を例に出しましたが、施設では2人以上の数の職員が1人の入居者にかかわります。何の手立ても講じず、情報も共有しなければ、それぞれがそれぞれの判断で動かざるをえません。そうなると、例えば10人の職員がいれば10とおりのとらえ方が出てきます。入居者は、対応する職員によって暮らし方が異なることになり、とても迷惑です。

だからこそ情報を言語化し、それを見れば入居者の暮らしを一目で理解できるように整理し伝達していくことが必要になります。

個別ケアの実践に必要なアセスメント

アセスメントの定義

それでは、どのようなツールが情報伝達と共有を実現可能なものにしてくれるのでしょうか。

個別ケアの実践におけるアセスメントの視点は「暮らし」です。

『入居者がこれから先、どのように暮らしたいのか。24時間の暮らし方を知り、その暮らしを継続するために何を必要とし、何を大切にしたいのか。それを可能にするためには、どこにどれだけのサポートを必要とするのかを、支援に先立って考えられること』

これが、個別ケアの実践におけるアセスメントの定義です。これらを目に見える形で表現する一つのツールが「24時間シート」です（表1-7）。

行為別アセスメントの弊害

皆さんはこれまで、入居者の暮らしを知るためにさまざまな情報をもとにケアを提供してきたはずです。しかし、同じ「暮らし」を視点に置いても、その視点が一連の生活行為の流れに沿ったものではなく、食事や排泄や入浴など、生活行為をそれぞれのパーツに分

表1-7　24時間シート

時間	日課（暮らしぶり）	意向・好み	自分でできること	サポートの必要なこと
7:00〜	○目覚め ・テレビを見る ・電気をつける	・目が覚めてもベッドに15分ぐらいは入っていたい	・テレビと電気をつける	・7時15分ぐらいに、起きるかどうか声をかけて確認する
	・起きる		・身体を起こす ・座位保持 ・車いすに移る	・朝は立ち上がりが不安定なことが多いので、座るまで腰部を手で支える
	・トイレ	・起きたらすぐにトイレに行きたい	・車いすに移る ・手すりにつかまり立ち	・ズボンを下げる　【パッド】▲メーカー ・パッドの交換　・日中：▲使用 ・ズボンを上げる　・夜間：▲使用
	・着替え	・朝食時は寝巻にカーディガンを羽織りたい	・着替え（上のみ）	・どのカーディガンを着るかを確認する声かけ ・ズボンの交換をする
	○洗面 ・顔を拭く ・歯磨き ・髪を整える	・湯で絞ったタオル	・顔を拭く	・お湯に濡らしたタオルを絞り、手渡す
		・歯磨き粉は○○（商品名） ・うがいはぬるま湯	・歯磨き、うがい	・うがいの声かけ
			・整髪	
	・リビングに行く		・テレビと電気を消す ・リビングまで車いすで自走	・カーテンを開ける
7:30	・リビングでテレビを見ながら、牛乳を飲む	・ニュース番組が見たい	・テレビをつける	・テレビのリモコンを手元に置く
		・温かい牛乳が好き	・牛乳を飲む	・レンジで牛乳を温め、手元に置く

けて情報を集めていた傾向はありませんか？

　これらも大切な情報の一つですが、皆さんはこのパーツごとの情報から、24時間の暮らしの様子を簡単に想像することができますか。入居者の生活様式や生活習慣、一人ひとりの意思や人格に合わせたケアを提供することができますか。仮にそれが提供できたとしても、他の職員は皆さんと同じように情報の真意をとらえ、同じようにケアを提供することができるでしょうか。

　そう考えると、これまでの情報は「入居者に関する情報」であっても「入居者の暮らし（暮らしの継続性）に関する情報」としてとらえるためには不十分で、他の職員と共通認識をもつ仕組みとしては利用しにくい状況だったといえます。

24時間シートとは

　24時間シートとは、入居者一人ひとりの1日の暮らし方の詳細な情報を得る・知るためのツールです（詳細は147ページ参照）。

　医療では、患者に対する治療は診断から導き出された施策であるといえます。診断の過程では、いつもとの違いを感じる症状を相談された医師が、まず問診を行います。そして、血液検査やCTなどの検査を行います。こうした情報が診断を下すうえでの根拠となります。

　介護ではどうでしょう。論理的できちんとした根拠に裏づけられた考えに基づいたケアが提供されているでしょうか。最終的に病気を治して元の生活に戻れるようにすることが治療の目的とすれば、介護は入居者のこれまでの暮らしをいかに継続したものにするかが目的であり、そのための方針を導き出す必要があります。

　24時間シートには、入居者一人ひとりの暮らし方を詳細に把握し、記録に残す目的があります。

　前述のとおり、人は同じものを見ていても、見る人の見方によって、全く違うものを見出して解釈してしまいます。入居者の暮らしを知り、その情報を根拠として可能な限りこれまでの暮らしを継続したものにするためには、共有すべき情報は言語化し、共通言語で共通の認識を図ることが、暮らしの継続性を保障したケアを展開するための最大のポイントなのです。それを可能にするのが24時間シートです。

24時間シートの作成と活用

24時間シートの位置づけと一連の流れ

24時間シートの位置づけは、これまで皆さんが行ってきたアセスメントと同じです。これまでのアセスメントと異なるのは、24時間の時間の流れに沿って入居者の暮らしの情報を得て、本人の意向や嗜好、家族の思いを詳細に聞き取り、それをもとに暮らし全体を通したアセスメントをする点です（図1-10）。

また24時間シートは、1枚の紙の中で暮らしのアセスメント機能

時間	日課	意向・好み	自分でできること	サポートの必要なこと
7:15〜7:45	・リビングでテレビを見ながら、牛乳を飲む		・リビングのテーブルまで車いすで自走	
		・ニュース番組が見たい	・テレビをつける	・テレビのリモコンがテレビの右横にあることを確認する
		・温かい牛乳が好き	・牛乳を飲む	・レンジで牛乳を温め、テーブルの上に置く（必ず温度確認：人肌程度）

■24時間軸の暮らしのアセスメント
利用者がこれから先、どのように暮らしたいのか、その暮らし方を本人（家族）主体に教えてもらう
→ ニーズを知る

■24時間軸の暮らしのケアプラン
自立支援に基づき、利用者が24時間を暮らすためのサポート方法を書く
→ プランにする

■24時間の暮らしぶりの記録　結果を書く→毎日モニタリングしているのと一緒

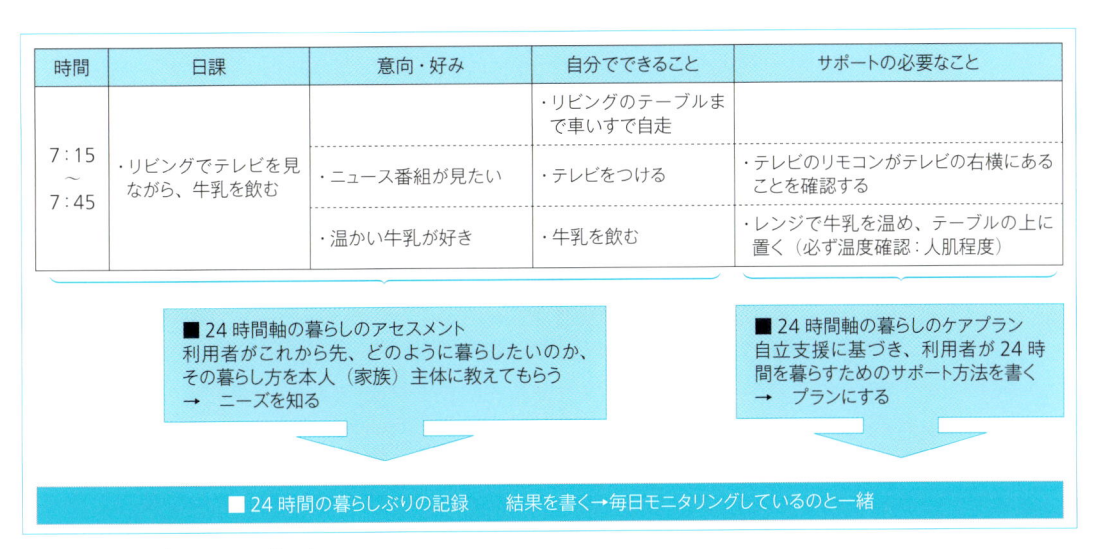

図1-10　24時間シートの考え方

- 書式を決定する
- 情報収集
- シートへ記入
- 記入後の確認
- 活用／モニタリング／評価
- 更新する

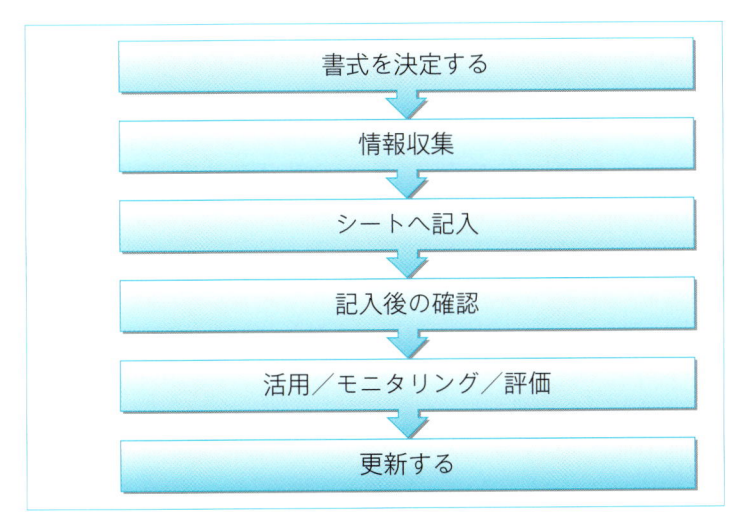

図1-11　24時間シートの作成から更新までの流れ

に加えて、ケアプランの施設サービス計画書第2表に該当する内容との連動性がある仕組みにもなっているので、情報の集約化にもなります。

一連の基本的な流れとしては、情報の収集→シートへの記入→記入後の内容の確認→活用→モニタリング→評価→更新という流れのなかで、作成・更新の繰り返しが行われます（図1-11）。

情報収集の手段

情報収集には3つの手段があります。

1つは「聞き取り」です。たいていの場合、本人（家族）がどう暮らしたいのか（暮らしてほしいのか）を直接聞き取ることができるはずです。ですから、最初にすべきことは、本人（家族）から情報を聞くという行為になります。

本人（家族）からの聞き取りが十分できない場合、在宅で利用していた在宅サービス提供者や医療機関などから情報の提供を求めることも「聞き取り」になります。

2つめは「読み取り」です。高齢者施設には入居の希望が出された段階から、入居者に関するさまざまな情報が書類として提出されます。例えば申し込み時には、家族関係や経済状況、利用しているサービスの内容が書かれていることが多く、概要や診断書、処方せんなど、主にその人の経歴から身体的な情報までを知ることができます。また、すでに入居されている人であれば、ケース記録などから拾える情報は、ケアの妥当性などの評価も加わることから、とても重要な情報源といえます。

3つめは「観察」です。日常生活のなかで、入居者の声や表情、手足の運び方をはじめ、重度の人であれば呼吸の仕方、肌の質感、目の動きなど、言葉として表現されにくい情報を読み取ることは、介護の専門性の一つです。

情報収集のポイント

聞き取りの基本は、本人（家族）がどうしたいのかを聞き取る点にあります。ここでは身体的な状態に重きをおくのではなく、気持ちや意向を優先した聞き方に考慮しましょう。

ここで皆さんが悩むのが、認知症の人や重度の人の意向の聞き取りです。同じ質問をしてもいつも返答が違う、質問をしても反応が

なかなか読み取れないということはありませんか。

　皆さんは介護の専門職です。質問の方法や場所、タイミングはどうでしたか？　相手のタイミングに合わせた環境設定をしたうえで、聞き取りをしようとしましたか？

　いつも違う返答のなかにもヒントはあります。その人の意図するところがどこにあるのかを探るのが、介護職員の役目ではないでしょうか。また、重度の人は本当に何も私たちに伝えていないでしょうか。声にならない声で何かを伝えようとはしていませんか。瞬きの仕方や眼球の動き、呼吸の速度や深度、唇の動きなど、まずは細かなメッセージがどこからか発せられていないのかを探ってみましょう。そのうえでやはり難しい状況であれば、家族などから意向を聞き取るという手段が残されています。

記入の方法とポイント

　24時間シートの一番の特徴は、入居者の24時間の生活リズムを時系列で追うことで、暮らしの全容が一目でわかるところにあります。しかし、ただ単に24時間の時間軸に沿った暮らしぶりだけを書き込むのではなく、その暮らしを継続するなかで、入居者本人や家族はどのような意向や好みがあるのか、入居者自身でできることは何か、職員がサポートをすることは何かなど、情報を切り分けて客観的に見ることもできるように、詳細な情報をそれぞれの項目ごとに整理できる仕組みになっています。

　記入のポイントは、各項目の定義とルールが示されていることです。「日課（暮らしぶり）」「意向・好み」「自分でできること」「サポートの必要なこと」といった基本の4つの項目に沿って情報を書き記すとき、誰を主語として記載をするのかを明確にする必要があります。「日課（暮らしぶり）」「意向・好み」「自分でできること」は入居者本人（家族）を主語とし、「サポートの必要なこと」は職員を主語にします。こうした設定がなければ、日課（暮らしぶり）の欄に「トイレ誘導」や「食事支援」などといった業務的な視点に立った内容が記されることになります。

　誰を主語にして記入するのかを整備することは、情報の整理にとどまらず、職員の視点のぶれを防ぐことにも有効です。

すでに入居されている場合

　まずは、現在までに得ている情報を、24時間シートに直接書き

落としてみます。そのうえで、行われているケアが入居者の本来の望む暮らしになっているか、ケアの妥当性を評価しながら、入居者の今を観察し、修正していきます。

新規入居の場合

事前調査の聞き取りで得た情報を、24時間の時間軸に沿ったシートに書き込みます。そして、新たな暮らしの場での生活の様子を観察しながら、情報を補っていきます。これまでの人的・物的環境が異なる場合、事前に聞き得た情報との差異が生じるケースが出てくるためです。

そこで新規入居の場合には、特にその差異と妥当性をケアのなかで確認していく必要があります。知り得た情報をもとにケアを実施し、その結果を24時間の時間軸に沿ってケース記録に情報として書き込みます。一定期間ケアを実施したあと、その記録を評価し、24時間シートに書き込みます。

24時間シートに絶対はあり得ませんが、ある程度の完成形とするときには、記録とデータに基づく結果が残されることになります。

24時間シートの記入方法

日課（暮らしぶり）の記入方法

入居者本人がその日1日をどう過ごしたいのか、24時間の時間軸に沿って記載します。毎日同じように過ごすわけではないので、平均的な1日の過ごし方になりますが、できるだけ具体的に記載することが求められます。

本人や家族の意向・嗜好の記入方法

ここでは、入居者本人や家族はそれぞれどのような要望があるのか、あるいはどのような意向や嗜好があるのかを聞いて、正確に記載します。

その際、本人と家族の意向や嗜好は分けて記載し、要望は可能な限り発言をそのまま記載することが望ましいです。聞いた言葉をきれいにまとめようとすると、ケアを提供する側の「こうしてあげたい」という個人的な価値観や感情が入りやすく、本人や家族が本来伝えたかったこととは異なるニュアンスで表現されてしまうことがあります。きれいな言葉でまとめる前に、まずは正確な情報を残す

ことを目的とするのが望ましいでしょう。
　また、入居者本人が意思を伝えられない場合、身振り手振りなどで明確に意思表示されたもの以外は、最初の段階では記載しません。憶測の記載は不要です。

自分でできることの把握

　日課（暮らしぶり）にあげられている入居者の予定に関し、入居者自身は何ができるのか、何をするのか、その手順を記載します。
　聞き取る段階では、本人がその行為や動作について、何をどこまで行うのか、その言葉を受け取りますが、その意向を尊重しつつ、日常生活において遂行可能な状況を身体能力や日常の生活行為などからなるアセスメントやリハビリテーションの観点から、適切な支援手順の調整に基づいて決定していくことが必要です。

サポートの必要なことの記入方法

　入居者の意向と自分でできることを踏まえて、職員はどこにどれだけのサポートをすればよいのか、その手順を具体的に記載します。
　日常生活において遂行可能な身体的能力のアセスメントやリハビリテーションの観点から、適切な支援手順と考えられるリスクに対する対応などの調整に基づいて記載します。これは、自分でできることと職員のサポートが必要なことの見極めにかかわる重要な項目です。そのため、他職種がもつ入居者の情報の集約が求められ、互いの共通理解と認識のもとで記載されていく必要があります。それぞれの情報と見解を集約して方向性を定めるため、おのずとそれぞれの役割と責任が明確になります。チームとしてのかかわりと連携が具体的に現れる部分です。

記入後の確認

　ユニットミーティングやケースカンファレンスの場で、入居者にかかわるすべての職員・職種が集まり、一定期間集めた情報やデータからなる24時間シートをもとに、情報に不足はないか、アセスメントの妥当性やケアの方向性について議論します。
　その際、膨大な情報の整理と複数の職員間での討議となるので、多くの時間を費やすことは容易に想像できます。そのため、集まりの場を設ける前に、参加者全員に事前にシートを渡し、その時点で

気がついたことや明らかにしたいことを考えてもらい、可能であれば、再度情報収集に努めて考えをまとめてきてもらいます。そうすることで、効率的なケースカンファレンスが可能となります。

24時間シートの更新

　24時間シートはモニタリング、ケアプランの更新、退院、これまでと明らかに暮らしぶりに変化が見えてきたときに更新を行います。

　ある施設では、ケアプランの更新時を24時間シートの更新時として、日常のなかでの小さな変化や継続性が出たケアについては、手書きで更新内容と日付・記入者を記入し、モニタリングやケアプランの更新にあわせて、24時間シートの更新事項をパソコンで打ち直す方法をとっています。

　24時間シートは一度作ったら終わりではありません。施設のなかで更新システムを確立し、必要に応じた対応をする必要があります。

　24時間の時間軸に沿った情報の収集は、入居者のこれまでの暮らしが途切れることなく一つの流れのなかで継続するための手段です。また、その情報に基づき、必要と判断したケアが本当に本人の望む暮らしを遂行するために必要なケアだったのかどうか評価するものでもあります。

　これらの情報は、かかわるすべての職員の具体的なケアの方法やあり方を可視化し、共通の認識としてとらえることが重要です。

24時間シートの効果

客観的な検証

　24時間シートの活用と効果にはさまざまなものがあげられます（表1-8）。暮らしやケアのあり方を目に見える形にしておくことで、自分たちのケアを客観的に評価し、見逃せないばらつきから、ケアの改善の糸口、けがや事故を未然に防ぐための内容が浮き彫りになって見えてきます。

表1-8 24時間シートの効果

○入居者・家族にとって
● 自分の望む毎日を送ることができる
● いつも均一的なケアを提供してもらえる
○職員にとって
● 24時間を基軸に、暮らしの全体像が容易につかむことができる
● 他職種との連携により、成立する情報を一目で得られる
● ケアを言語化することで、本人、家族、多職種間で共通言語で内容を理解することができる（情報を伝達する過程で、内容のズレが生じにくい）
● 職員を指導する際の指導方法の統一を図ることができる
● 行動とリスクをある程度予測した対応と対策がとることができる
● けがや事故が生じた場合、どこに異常や問題が発生したのかがわかりやすく、その場で対策を立てることができる
● 急な欠員が出た場合、他のユニットから応援に入る職員でも、利用者に関する最低限必要なケアを、必要なタイミングで行うことができる
● 介護に必要な人員が把握できる

ユニットごとの一覧化

個別の24時間シートをユニット単位で一覧にすることで、ユニット全体の流れが見えてきます。

皆さんは1人で勤務をする時間にコールが鳴りやまない…ということはありませんか？ ユニット全体の流れを把握することができれば、職員は予測を立てたケアの組み立てのなかで動くことができます。限られた人員のなかでは、いかに詳細な情報を持ち合わせるか、そしてケアを組み立てることができるかが、個別のケアを行うためにも重要です。

人員配置

一覧表を根拠に、職員の配置を考えることもできます。入居者の生活行為を「自分でできること」「職員のサポートを必要とする時間」の2つに分類し、職員がサポートを必要とする時間帯がどこに集中しているのかを割り出します。抽出できた時間帯には、どれだけの人員を配置すればケアが成立するのか、その配置を検討することができます。

必要な人員の配置に限界がある場合にも、管理者との話し合いにおいて、その必要性を示す根拠となることは間違いありません。

24時間シートの活用と効果はほかにも数多くありますが、単にケアの均一化を図るものとしての活用だけではなく、利用者の安全で安心した暮らしの継続と施設全体のシステムの見直しにも大きな

効果をもたらすといえます。

24時間シートを活用するための体制づくり

収集する情報の範囲

　ここまで、個別ケアの実践につなげるシステムづくりについてお伝えしてきました。この仕組みを活かすために大切なことは、1人の職員が把握できる情報の量には限度があるということです。

　入居者一人ひとりの暮らしを継続させるためには、一人ひとりにかかわる情報をいかに詳細に把握するかが重要です。その場合、詳細な情報を得ようとすればするほど、多岐にわたる情報が混在するため、職員はその情報の整理に非常に困難をきたすことがあります。ですから、職員の把握すべき情報の範囲はしっかりと定めていくことが大切です。だからこそ、職員をユニットに固定配置する必要があります。

　仕組みをしっかりと作ることで、職員は自分の責任の所在が明確になるため、これまで以上に責任をもったケアの提供に励むことができます。入居者にとっても「いつもの職員」から「いつものようにケア」をしてもらえることにつながります。個別ケアの実現を可能にするためには、職員ができる範囲を明確にした環境設定も重要といえます。

ケース記録の重要性

　そのほか、24時間シートに基づく日々の暮らしの様子がわかるケース記録の整備も大切です。24時間シートに基づくケアを提供した際、支援前・間・後の内容・そのときどのような反応や意向を示したのかなど、日々の変化が一目でわかる記録です。この場合のキーワードも、「24時間の暮らし」「他職種協働」「情報共有」です。

　介護の仕事はアセスメントに始まりアセスメントに終わります。常にこの視点をもってケアにあたれば、個別ケアは皆さんの施設でも実践につながることでしょう。

4 実践施設の取り組みから
──特別養護老人ホーム「おながわ」（宮城県女川町）

Ⅰでは、個別ケアに必要な人員配置と24時間シートをとおした
体制づくりについて述べてきました。
実際に24時間シートを導入している施設は多いと思いますが、
記録することが目的化しては意味がありません。
おながわの取り組みから、24時間シートを通したケアの見直しを考えてみましょう。

開設当時の職員体制とケアの状況

おながわは平成18年5月に宮城県女川町の要望を受けて創設した、長期入居4ユニット40人、短期入居1ユニット10人の町内初の特別養護老人ホームです（平均要介護度は4.2、平成23年2月現在）。

創設時の常勤職員のシフトは、早番・日勤・遅番・夜勤の4パターンでした。入居者には、入居前に自宅での24時間軸の生活の聞き取りり、24時間シートに則ったアセスメントを行い、それをもとにケアを展開したのです。しかし、運営を始めてからは、常勤職員の残業が2時間ほど増えるようになりました。その時間は、入居前と変わったケアにかかる時間（アセスメントとの違い）と、その詳細を記録する時間だったのです。

人の暮らしは毎日同じではありません。特に施設入居という環境変化が生じているときは、その暮らし方のリズムが変化して当然です。一時的に変化しても、また元に戻ることがあるかもしれませんし、新たなリズムになる場合もあると思います。このような大きな流れをとらえることができずに、とにかく毎日変化に対応することに敏感になっていたのです。

24時間シートの見直し

そこで、残業で行われているケアの実態がどのような理由で生じているのか、ユニットごとに確認しました。そうすると、24時間シートの情報共有が行われていない、職員が気を遣いあい、時間どおりの退勤ができない、人手が多く必要な時間帯に職員の配置が少ないという、3つの理由が見えてきました。24時間シートを活用していたと思っていましたが、本来の活用方法になっていなかったのです。

開設3年目にこの理由に気づき、24時間シートの見直しをしていくうちに、必要な人員配置、勤務パターンを見直すことができたのです。現在、介護職員は常勤29人、非常勤（パート）4人ですが、ユニットごとに常勤・非常勤合わせて30パターンある勤務帯のなかからシフトを編成し、入居者の暮らしのサポートをしています（表1-9）。

表1-9 おながわの勤務シフト（一部）

公休　10日

氏名	日	1 火	2 水	3 木	4 金	5 土	6 日	7 月	8 火	9 水	10 木	11 金	12 土	13 日	14 月	15 火	16 水
二丁目	A	休	早	11-20	休	早	8	休	8	遅	夜	休	早	早	遅	休
	B	早	夜	休	早	休	早	休	休	早	8	夜	休	遅	11-20	早
	C	11-20	遅	休	遅	遅	夜	休	遅	遅	休	10-19	早	11-20	休	早	夜
	D	休	11-20	遅	休	休	遅	11-20	早	夜	休	早	11-20	遅	8	休
	E	遅	休	早	夜	休	休	遅	11-20	早	休	休	休	遅	休	休
	パート	14-20	休	休	14-20	14-20	14-20	休	休	14-20	14-20	休	休	14-20	14-20	14-20
	清掃業務員	9-16	休	9-16	9-15.3	9-15.3	休	9-16	9-16	休	9-16	9-15.3	9-15.3	休	9-16	9-15.3	休
三丁目	F	10-19	早	休	休	早	休	夜	休	8	10-19	休	休	10-19	休	休	遅
	G	早	遅	休	早	休	10-19	早	夜	休	遅	8	休	休	早	早	早
	H	夜	休	遅	遅	休	早	休	休	遅	休	休	遅	遅	休	遅	休
	I	休	早	夜	休	遅	遅	休	早	早	休	10-19	夜	休	遅	休	休
	J	遅	遅	10-19	休	夜	休	10-19	遅	休	早	早	休	遅	10-19	休	休
	K	8	休	休	8	8	休	8	休	8	休	休	8	休	8	休	8
	清掃業務員	9-15.3	9-15.3	9-15.3	9-15.3	休	休	9-15.3	9-15.3	9-15.3	9-15.3	休	休	9-15.3	9-15.3	9-15.3

事例からケアを振り返る

24時間シートの活用法がわからなかった

あるユニットの話です。Aさんの転倒・転落事故の報告書が連日提出されました。事故が改善されないため、事故情報の引き継ぎはどうなっているのか、24時間シートにはどう書かれているのかの両方について、確認作業をしてみました。

当時の24時間シートは、個別にファイルされているケース記録のなかにはさまれ、いつでも誰でも見られる工夫がされていました。そのファイルの24時間シートに、変更事項をユニットリーダーが手書きで書き込み、同時に「引き継ぎノート」にも書き、職員の注意を促していました。

このように変更事項を徹底していたにもかかわらず、事故が減らなかったのです。というのも、変更の情報は「リーダーの指示」としか職員には伝わっていませんでした。なぜならば、「○○になる」という事象しか書かれておらず、なぜそうなったか、どういう現象なのか、その理由が見えなかったのです。当然、ケアの見直しに伴うはずの評価もされていませんでした。24時間シートには、「意向や好み」「自分でできること」「サポートが必要なこと」という欄があります。この項目の意義を理解していなかったといえます。

24時間シートの意義が徹底されなかった

Bユニットの話です。C職員の「24時間シート」をジッとのぞき込んでいる姿がありました。「これっていいですね…。これがあったらやりやすかったのに」。

C職員は1か月前に従来型の施設から異動したばかりでした。24時間シートの意義や

	17木	18金	19土	20日	21月	22火	23水	24木	25金	26土	27日	28月	29火	30水	日数	公休	夜	時間
	遅	夜	休	早	早	8	休	早	夜	休	早	早	休	早	20	10	3	160
	休	早	早	遅	休	夜	休	休	遅	8	11-20	休	遅	遅	20	10	3	160
	休	遅	遅	休	休	早	早	遅	11-20	休	休	遅	夜	遅	20	10	3	160
	早	遅	遅	夜	休	遅	遅	休	休	早	休	11-20	遅	休	20	10	3	160
	11-20	早	休	11-20	遅	11-20	休	夜	休	遅	遅	休	早	遅	20	10	3	160
	休	13-19	14-20	休	14-20	14-20	14-20	14-20	14-20	休	14-20	14-20	休	14-20	18	12	0	90
	9-15.3	9-16	休	休	9-16	9-16	休	9-16	9-16	9-15.3	休	9-16	9-15.3	休	20	10	0	116.5
	10-19	休	早	休	10-19	早	早	休	8	10-19	遅	休	8	休	20	10	2	160
	休	10-19	10-19	遅	夜	休	10-19	10-19	休	休	早	遅	休	休	20	10	3	160
	遅	遅	夜	休	休	遅	遅	遅	休	遅	休	早	遅	休	20	10	4	160
	早	早	休	早	遅	8	夜	休	遅	休	10-19	休	早	早	20	10	3	160
	夜	休	遅	休	早	休	早	休	夜	休	遅	休	10-19	早	20	10	3	160
	休	休	8	8	休	8	8	休	8	休	8	8	休	8	20	0	0	160
	9-15.3	9-15.3	休	休	9-15.3	9-15.3	休	9-15.3	9-15.3	休	休	9-15.3	9-15.3	9-15.3	20	0	0	110.0

※便宜上「早」「遅」などとしていますが、実際には、入居者の活動に合わせて細かく勤務時間を設定して、動いています。

ケアでの活用方法、ケース記録にはさんであることなどは説明をしていたはずなのに、どうして気づいてくれなかったのだろうと、私は不思議でした。通常、ユニットに新人職員が配置されたときは、ユニットリーダーが24時間シートを基にケアの優先順序などを説明することになっていたのです。しかし、そのとおりにされていたか、確認をとっていなかった、そこが盲点でした。

C職員の一言をきっかけとして、ユニットミーティングを活用して、24時間シートの見直しを徹底しました。「朝一番に清拭し、外用薬を塗っているけど、本人はまだ眠いのにどうなのかな?」「8時には起きたいのに、食事支援が重なるから、9時に日勤が来てからしか起きられないのはおかしいよね。日勤は8時出勤にしましょう」など、次々と自分たちのケアの見直しが始まったのです。そうなると、そのケアを提供するためのシフトが必要となり、勤務の見直しが始まりました。

「食事介助が5人もいるのに、職員がいないから大変…」「新人職員は要領よく仕事ができないので、なかなか帰れない…」「気をつけているけど、職員が目を離したすきに車いすからずり落ちてしまう…」——これらユニットリーダーを悩ませていた事項は「24時間シート」が本来の機能を発揮してくれることで、すっきり解消していったのです。

24時間シートは、暮らしを教えてくれる

24時間シートを通してわかったことは、介護の仕事の答えはすべて入居者の日々の暮らしにあるということです。入居者一人ひとりが自分なりの暮らしを継続していくには、

その人の暮らしぶりを、そしてそのサポートの必要なことをより細やかに知ることから始まります。そして、知り得た情報をより細やかに伝達し、ケアに活かす、その情報収集と伝達のツールが求められています。24時間シートを作成できるのは、ユニットで入居者と同じ時と空間を過ごしている職員です。自分たちがわかりやすく、常に身近にあり、使い勝手の良いツールとして24時間シートが存在できたときこそ、困ったことの味方になることを学びました。

　どんなに人員配置を厚くしても、肝心のケアの組み立てが入居者の暮らしに沿ったものでなければ、いつまでもその人らしい暮らしを送れることはないでしょう。24時間シートを通して暮らしを営む術を知ることが、個別ケアの実践には欠かせないものなのです。

（生活相談員　鈴木弓）

II
住まいをつくる

高齢者施設を暮らしの場ととらえて個別ケアを実践していくためには、
まずは住まいとしてあるべき居場所をつくることが必要です。

はじめに

皆さんは、建物（ハード）の研修を受けたことがありますか？「排泄介助」「食事介助」「リスクマネジメント」といった研修はあっても、ハードの研修自体は、その開催を知る機会はあまりないと思います。個別ケア（ユニットケア）では、建物（ハード）も重点項目の1つです。その意義は何か、写真を使いながら説明してみます。

今までの入浴ケアは「週2回の入浴がケアプランにあげられています。さあ、今日はお風呂の日ですから入浴しましょう」と、入居者をお風呂へお誘いすることから始まります。しかしどうでしょう。入居者を浴室にお連れしても、写真2-1の浴室では、入居者は一目でお風呂場と理解できるでしょうか。

仮に認知症の入居者であったらどうでしょう。利用する人が認知できない建物に、職員の力（人力）でお連れし、入浴してもらう。何だか変な光景だとは思いませんか。適切な表現ではありませんが、「訳のわからない場所に連れて行かれ、力ずくで入浴させられた」と思う入居者がいるかもしれません。「介護は人の手でするもの」と、周囲の環境に目が届かなかった介護の現状はありませんでしたか。

一方、写真2-2はどうでしょうか。何も説明しなくてもお風呂場だと認知できます。服を脱いでお風呂に入ろうとする行為が自然と生まれるかもしれません。「建物がケアをしてくれた」ともいえます。

このように建物は、一目で何をする場所かが認識できること、そうすることで自然と生活行為が生まれるようにつくることが大切です。自分たちの家の建築では当たり前ですが、施設の建物は何だか別の物になっているのではないでしょうか。

これは「建物に対する知識が欠けている」ことに尽きると思います。「Ⅱ 住まいをつくる」では、高齢者の暮らしを個別にサポートするために必要とされる、建物の知識を取り上げます。

知識とは、建物の理論を知ることに加えて、その知識を活かした住みこなし術を得ることです。さらに「建物とは何か」と、建物と

写真2-1 これまでの高齢者施設の浴室 写真2-2 ユニット型施設の浴室

図2-1 建物（住まい）のもつ意味

- ■一目見て、それが何か分かる
  - ・今までと変わらない建物
  - ・自然に生活行為が生まれる
- ■安心と安全が保障されている
  - ・身体状況に合わせる → 高さ・掲示物
  - ・自然に生活行為が生まれる
- ■自分の居場所がある
  - ・なぜ、帰宅願望が起こるのか…？

図2-2 施設の住まいづくりの視点

- ■高齢者の視点にする
  - ・掲示物、いす、机
- ■家で飾らない物は飾らない
  - ・物の意味と役割を考える
- ■建物の理論を理解し、住みこなす
  - ・暮らしの場づくり
     自分の居場所づくり → 居室
     食事の場
     くつろぐ場
     入浴
     排泄
  - ・地域の場づくり
     入居者中心の場（セミパブリックスペース）
     地域を感じる場（パブリックスペース）

いう存在の意味を知ること、その理論を活かす具体的な方法論を知ることも大切です（図2-1、2-2）。

1 ハードからみた住まいのつくり方

できることならば、住み慣れた自宅で暮らし続けたい──。多くの人がそう願います。
しかし、さまざまな理由で、特別養護老人ホームなど高齢者施設へ生活の場を移す高齢者がいます。
高齢者施設への転居──そのとき、人は危機に直面します。
自宅生活との落差の激しさゆえに、暮らしから遠ざかることも少なくありません。
現在、この落差を埋めようと多くの取り組みがなされ、成果を上げています。
これまで（過去）とこれから（未来）の施設を、ハードの視点から探ってみましょう。

「収容の場」から「居住の場」へ

　本論に入る前に「住まいのつくり方」というタイトルについてふれておきます。設計者は、住まいの器を用意するに過ぎません。器に手を加え、住まいにつくり上げていくのは、住まい手である高齢者と彼らの生活を支える職員です。従来型施設であれ、ユニット型施設であれ、この視点は変わりません。

　高齢者施設の代表格である特別養護老人ホームは、介護という必要性によって、養護老人ホームから分離・創設（1963（昭和38）年）されたのが始まりです。

　当時、食事をすること、排泄をすること、語りあうこと、思索に耽ることなどのすべての行為はベッドまわりで展開されていました。創設当初は、食堂の設置義務すらなかったのです。食堂の設置が義務化された後は、多人数居室と大食堂で構成されたホスピタルモデルが整備され続けました。

　その後、生活モデルに立脚したサービスが求められるようになり、暮らしとは何か、そのために必要なケアとはどういうものかといった議論がなされ、ケアのあり方は集団処遇から個別ケアへと変革されていきます。これに伴い、空間のあり方も「収容の場」から「居住の場」へと変化しました。

　その結果、1990年代には個室化、段階的空間構成、生活単位の小規模化などの試みが相次ぎます。やがて空間とケアの融合が進み、2003（平成15）年にユニット型特別養護老人ホームが制度化されました。

ユニット型施設の考え方

空間構成の基本原則

　日常生活の基本となるユニットは、身の置きどころとしての居室（プライベートスペース）と、居室と一体的に配置された食堂やリビングを中心とする空間（セミプライベートスペース）から成ります。その外側には、クラブ活動や親しい人同士でのちょっとしたおしゃべりなど、他ユニットの入居者とかかわることができる空間（セミパブリックスペース）、地域に暮らしていることを実感できる空間（パブリックスペース）が広がります（図2-3）。

　このような平面計画を採用することで、入居者の行動半径は帰属感を伴いつつ広がっていきます。

ユニットの規模（人員）

　ユニット型施設では、生活単位と介護単位の一致を原則とし、ユニット単位で介護職員を概ね固定配置する仕組みが明確に採用されています（夜勤は2ユニット単位で配置しますので、この限りではありません）。1ユニットの定員数は、10人程度と基準で定められています（グループホームは9人以下。特定施設には明確な基準がありません）。極端に定員数を少なくすると、ユニット単位での職員配置が困難になるので注意が必要です。

　個別ケアを提供するためには、個々の入居者の暮らしを理解する必要があり、知らなければならない情報は多岐にわたります。人が脳に蓄積できる情報量には限界があり、把握すべき人数が50人から10人に減れば、個々の入居者の情報をより多く把握することができます。小さな生活単位をベースに、その単位で介護職員の固定

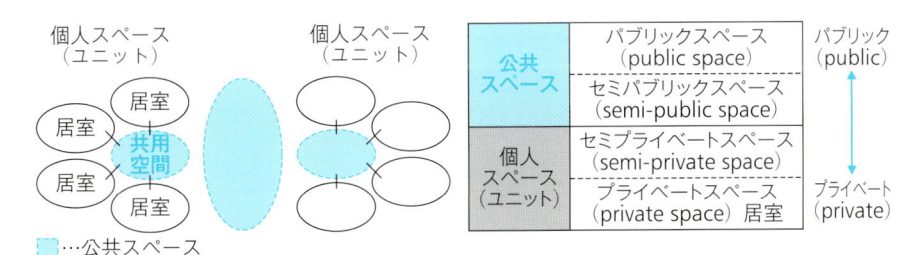

図2-3　ユニット型施設の空間構成

※これは概念図です。実際のプランニングがこの形態をとることを意味してはいません。

```
                              個として暮らしうる規模
 生活する側の視点            個と個とが多様に結びつく規模        休息、整容、排泄、食事、入浴の
                                                              空間をユニット内に整備
                                    生活単位
                                                                  空間とケアの融合
                                    介護単位
 働く側の視点              介護職員を固定配置できる規模          夜間を除き、
                          個別ケアに必要な情報を得られる規模    介護職員をユニット単位で固定配置
                                                                  （ユニット型施設の場合）
```

図2-4　ユニットの規模の考え方

配置を行うことは、個別ケアでは極めて重要な仕組みとなります（図2-4）。

従来型施設の場合は、ユニット型施設における「10人程度」という基準にこだわるのではなく、介護職員を固定配置できる規模と親和性のある生活単位のバランスで決まります。現場の実践から、その上限はおおむね16人程度が限界のようです。

小さな生活単位とすることでなじみの関係が生まれ、暮らしに共同性が出てくることも見逃せません。グループホームなどはその最たる例です。一方で、在宅復帰を前提とした介護老人保健施設であれば、グループホームほどの共同性が育まれることはないでしょう。同じ空間構成であっても、入居者像や利用形態によって過ごし方は異なるのです。

暮らしから空間を考える

それでは、入居者の暮らしから空間のあり方を考えてみましょう。

部屋で過ごす──居室

高齢者施設における居室は、症状のコントロールや入居者間のトラブル回避のために利用されてきたという経緯があります。行動症状の激しい入居者を閉じこめておくという発想です。

たとえ居室が個室化されたとしても、その空間に使い慣れた家具を持ち込むことが許されず、ドアは開け放たれ、ノックもなく職員が入室するのであれば、それは単なる独房にすぎません。入居者一人ひとりの個性や生活リ

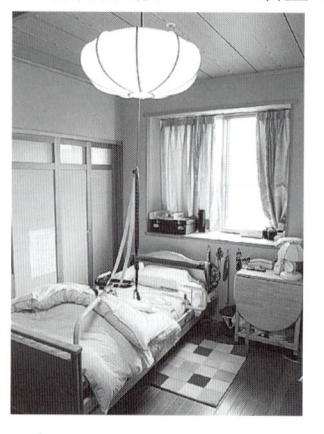

写真2-3　入居者主体の居室

ズムを大切にするとともに、主体的に居室を管理できる仕組みが大切です。

　家具を持ち込めるようにする、洗面台を備える、空調や照明を個別に手元で調整できる、心身状況や生活スタイルに応じてベッド配置が選択できる、入居者が開け閉めできるように鍵をつけるなどです（写真2-3）。

　個室化が困難な場合には、建具で個室的しつらえを確保する、家具やベッドのレイアウトでプライバシー確保に努める、入居者の誰と誰を同室にするのかを相性などをもとに検討するといった対応を行います。

排泄する——トイレ

　高齢になると、頻尿などの生理現象に心身機能の低下が加わり、排泄に伴う一連の行為がスムーズに行えず、介助を必要とする状況が生じてきます。このような状況であっても、プライバシーと尊厳の保持に配慮したうえで、可能な限りトイレで排泄介助を行うことが基本です。

　このような観点からトイレを各部屋に設けることが望ましいのは明白ですが、居住費や建設費の高騰につながることもあり、現実にはトイレのない居室も数多く存在します。このような場合でも入居者3人に対して一つ程度のトイレをユニット内に分散配置させ、居室やリビングからトイレまでの動線を短くします。

　従来型施設では、トイレにカーテンで仕切りをしている場合がありますが、尊厳の保持とはいいがたい状況です。扉への取り替えを検討しましょう。

　便器の形状にも留意が必要です。便器の高さは適切ですか？　やや前かがみの状態で、床にかかとがしっかり着いていますか？　立ち上がりを支援する手すりや姿勢保持の工夫はなされているかも確認してください（写真2-4）。

　汚物処理室の整備も忘れないでください。においの拡散を防ぐためにも、汚物処理室は各ユ

写真2-4　高齢者に配慮したトイレ

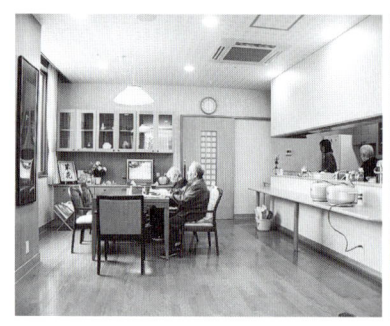

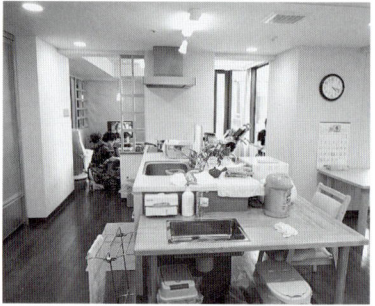

写真2-5　食堂やリビングで構成された共同生活室

写真2-6　簡単な調理ができるキッチンが望ましい

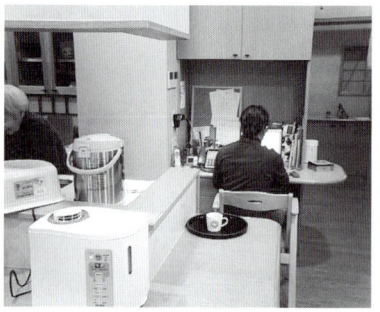

写真2-7　ユニット内に設けられたスペースでひと休み

写真2-8　リビングの一角に設けられた記録コーナー

ニットもしくは隣接する2ユニット単位で整備することが大切です。

食事をする・くつろぐ──共同生活室

　共同生活室は、食堂やリビング、少し離れた場所にある小さなコーナーなどで構成されます（写真2-5）。

　暮らしの中心となるのは、食堂とリビングです。食堂にはキッチンがあり、冷蔵庫や食器棚、食器洗浄機のほか、さまざまな台所用品が並びます。簡易なミニキッチンではなく、従来型施設であっても、キッチンは新たに設置することが望ましいです（写真2-6）。

　ご飯はユニットで炊き、簡単な調理や盛りつけ、洗い物もユニットで行います。グループホームでは調理に参加する入居者が多いですが、特別養護老人ホームなどの高齢者施設では参加できる入居者は限られています。それはそれで構いません。

　ご飯のにおいが漂ってきたり、食器や茶碗を洗う音が聞こえたり、それらの作業をする介護職員を眺めることが可能な環境を用意し、五感で食事にふれることが大切です。なお、厨房を含めた食事提供

の仕組みは、ユニット調理の普及などにより今後大きく変化するものと思われます。これに応じて厨房とユニットキッチンの設計も変わっていくでしょう。

　食事を終えると、部屋に戻る人もいれば、そのまま食堂やリビングで過ごす人もいます。新聞を読んだり、テレビを観たり、洗濯物をたたんだり、お茶を飲んだり、ひなたぼっこをしたり——。食堂から離れたちょっとしたコーナーやテラスで過ごす人もいます（写真2-7）。

　面積に余裕があれば、食堂とリビングを両方整備し、食堂には食事にふさわしいいすとテーブル、リビングにはくつろぐのにふさわしいソファを準備しましょう。空間に余裕がなければ、食堂の一角にソファなどを設けてもよいでしょう。

　食堂やリビングの一角に介護職員の記録コーナーや書類の保管場所を設けることも大切です（写真2-8）。

一人または仲の良い仲間同士で過ごす

　セミプライベートスペースは、食堂やリビングだけで構成されるのではありません。一人で過ごせる場、仲の良い入居者同士で過ごせる場、リビングの様子を眺めることができる場……こうした場を整えることが大切です。

　小上がりを設けたり、コーナーにいすやソファを置いたり、適切なデザインがなされた仕切りを設けたりといったことを検討しましょう。ユニット型施設であれ従来型施設であれ、不特定多数の入居者を想定するのではなく、目の前にいる特定の入居者の暮らしが落ち着くために、どのような居場所をつくればよいのかを考えることが肝心です（写真2-9）。

　また、戸外空間も大切です。洗濯物干しや園芸、太陽の下でのお茶、季節の移り変わりを肌で感じられること、木々の自然な動き——。中庭やテラス、バルコニーなどがあるとよいでしょう。

　ユニットの外へと関心を広げるためにも、ユニット玄関

写真2-9　入居者が落ち着ける居場所づくり

のしつらえ方は大切です。マンションのドアのように内部と外部を明確に区分するのではなく、格子扉やのれんなど、さりげなくユニット内の様子が垣間見られるものが望ましいです。

入浴する——浴室

入浴は作業分担方式ではなく、マンツーマン方式に基づいて、一人ずつゆっくりと入るのが基本です（図2-5）。

マンツーマン方式とは、誘導→脱衣→洗体→入浴→着衣→誘導という一連の流れを、同じ介護職員が行うことを指します。これに伴い、浴室計画は二つの点で大きく変化しました。

一つは浴槽の種類です。多人数が一度に入るような大浴槽（一般浴槽）は現在、姿を消しつつあります。代わって個別浴槽（リフト付きを含む）が普及しています（図2-6）。著しい身体拘縮がない限り（座

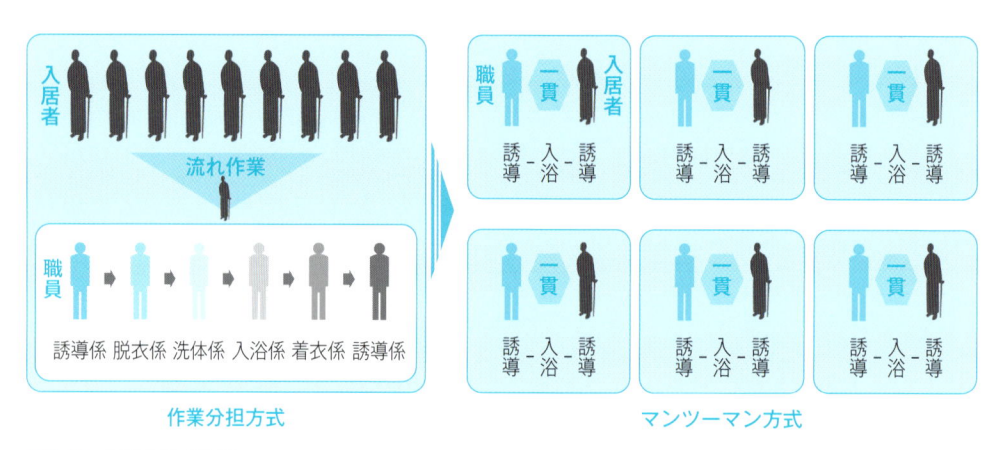

図2-5　入浴介助の変化

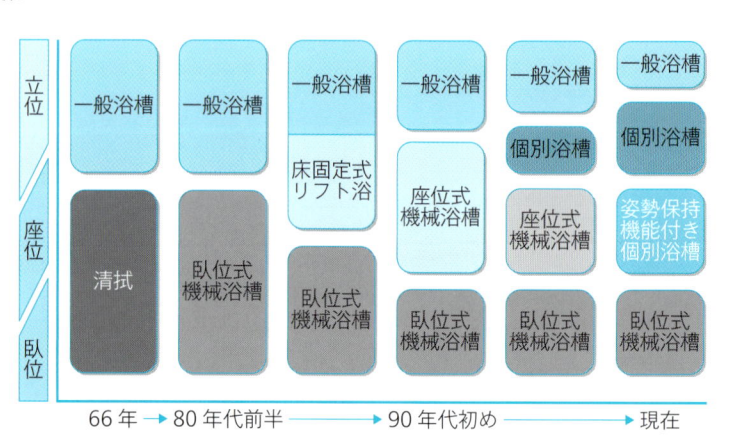

図2-6　浴槽の変遷

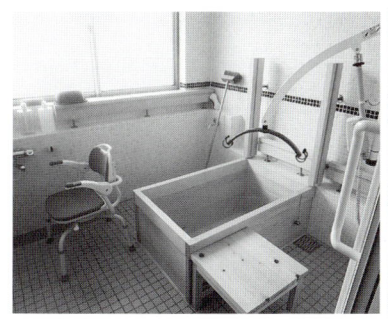

写真2-10　リフト対応可能な個別浴槽　　写真2-11　リフト付きのユニットバス

位が保持できる限り)、個別浴槽で入浴は可能です。昨今では、リフトなしとリフトありの双方に対応可能な個別浴槽(写真2-10)、リフト付きのユニットバス(写真2-11)なども登場しています。

もう一つは浴室の位置です。これまで浴室は、高齢者施設の1、2か所に集中配置されていましたが、これでは動線が長いうえに、ユニット単位で浴槽利用のスケジュールを組み立てることができません。作業分担方式には合っていますが、マンツーマン方式にはそぐわないのです。マンツーマン方式では、1ユニットあるいは2ユニット単位で、利用頻度の高い浴槽(個別浴槽など)を備えた浴室を分散配置します。入居者の少ない臥位式機械浴槽は、フロアごとあるいは高齢者施設全体のどこかに集中的に配置します。

夜を過ごす──ユニット構成

ユニットの数と配置は、介護職員の夜勤体制を考慮して検討します。

夜勤は通常、2ユニットで1人の職員配置となりますが(従来型施設はこの限りではありません)、上下階にまたがる2ユニットを1人の介護職員で担当することは避けたほうがよいでしょう。たとえば、8ユニットが5ユニットと3ユニットにフロアが分かれる場合、夜勤には5人の介護職員が必要となります。一方、4ユニットと4ユニットで構成された場合、夜勤は4人となります。こうした点にも考慮して配置計画を立てます(図2-7)。

また、夜勤を行いやすくする配慮も必要で

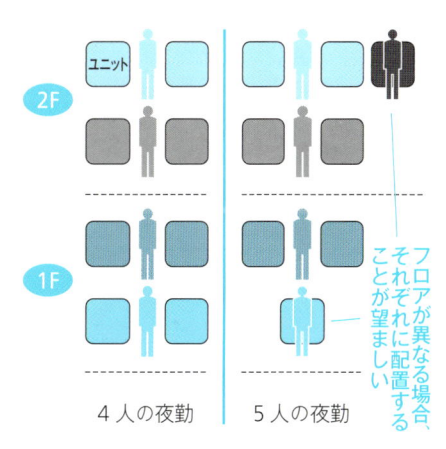

4人の夜勤　　5人の夜勤

フロアが異なる場合、それぞれに配置することが望ましい

図2-7　夜勤の職員配置

す。各ユニットの独立性が高く隣のユニットまでの距離が長いと、介護職員の負担は大きくなります。2ユニット間に職員専用の動線を設けることを検討しましょう。その際、2ユニットでの一体運営とならないよう気をつけてください。

地域を感じられる空間で過ごす

ユニット内では、食事をつくったり、テレビを観たり、お風呂に入ったりという日常生活が存在します。しかし、セミパブリックスペースでは「しなければならないこと」はありません。プログラム（陶芸・書道・囲碁など）をどう計画できるかが、セミパブリックスペース活用のポイントです。

パブリックスペースとは、地域社会に開かれ、住民が利用したり、住民と入居者が交流できるスペースを指します。ギャラリー、レストラン、お金を払って利用できる売店・喫茶、地域の人が趣味活動に使えるスペースなどが該当します（写真2-12）。立地によっては、既存資源を活用することを検討してもよいでしょう。

特に、「施設内にパブリックスペースを設けるより、外出することが大事」という意見を耳にすることがあります。確かにグループホームでは、この手法は極めて有効でしょう。しかし一方で、そればかりでは身体的につらい入居者も少なくありません。高齢者施設のなかに地域を取り込む仕掛けをつくり、ユニットに居ながらにして、行き交う人々を眺め、声を聞き、ときには人々とふれあう――。高齢者施設の内と外、両方の仕組みづくりが求められます（写真2-13）。

写真2-12　一般的なパブリックスペース　　写真2-13　地域住民に開放された　パブリックスペース

段階的な空間構成を超える仕掛け

　ユニット型施設では、プライベートスペースからパブリックスペースへと段階性を帯びた空間構成が明確に採用されています。しかし、人間の暮らしというものは、その段階性にぴたりと呼応するかのように広がるわけではありません。基本原則となっている空間構成を意図的に崩している仕掛けがあるほうが、魅力的な空間となることが多いのも事実です。

　二つのユニットで中庭を共有する、二つのユニットが玄関を介さずに内部でつながっている、眼下に別ユニットが見える、居室から中庭が見える、外からユニット玄関に直接アクセスできるなどの仕掛けは、実に魅力的なものです。自施設にそのような工夫がないか確認してください。

これからの高齢者施設は「いえ」から「まち」へ

　以上述べてきた経過を踏まえ、高齢者施設には「いえ」という感覚が戻ってきました。次なる課題は、暮らしの場を「いえ」から「まち」へ広げていくことです。高齢者ケアでは地域包括ケアという概念が提唱されていますが、この考え方は高齢者施設のあり方をも大きく変えていきます。

まちなか立地

　これまでの高齢者施設は、人里離れたところに大規模収容型で建設されてきました。面会に訪れる者は家族に限られ、友人・知人は足が遠のきます。入居者は、長い年月をかけて構築してきた人や町とのかかわりを諦めざるを得なかったのです。

　今後新たに計画される高齢者施設は、まちなか立地が基本となります。住み慣れた地域での転居が可能になれば、たとえ住む器を変えることを余儀なくされても、人や町との関係をあきらめる必要はありません。友人や知人が訪れるようになり、「寝室」ではなく「居寝室」と呼ぶにふさわしい個人空間が求められるようになるでしょう。

　家族や友人のためのミニキッチン、ソファや簡易ベッドなどを備える事例が出始めています。他の入居者・職員・家族・友人・隣近所など、人との関係性を選択できることが大切です（図2-8）。

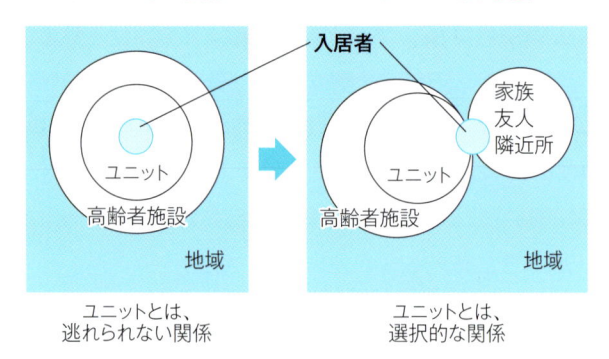

図2-8 まちなか立地とかかわり方の変化

世代を超えた場

　高齢者ケアといった枠組みを超えて、「まちの拠点」として整備するという視点をもつことも大切です。

　学童保育や障害者の働く場など福祉の対象を広げる、コミュニティベースの活動の場としてレンタルスペースなどを設ける、団塊世代の活躍の場を提供する仕掛けと機能を整える、魅力あふれる中庭・レストラン・趣味の店・コンビニエンスストアなど集客性のある機能を併設させ、福祉に無関心な人々を呼び込む仕掛けをつくるなど、地域と交流するためのいろいろなアイデアが考えられます。

　建物全体が地域へと開かれ、幅広い世代が行き交うまちの拠点となることが期待されています。これらを通して、入居者にはさまざまな役割や立場が戻ってくることになるでしょう。地域包括ケアといった言葉には、そういった想いが込められているはずです。

写真提供
写真 2-3、2-7、2-9　特別養護老人ホームきやま
写真 2-4、2-6　特別養護老人ホーム一重の里
写真 2-5、2-8　特別養護老人ホーム晃の園
写真 2-10　高齢者福祉施設岩崎あいの郷
写真 2-11　特別養護老人ホームたちばなの里
写真 2-12　特別養護老人ホーム第二丹後園
写真 2-13　特別養護老人ホーム真寿園

2 環境整備からみた住まいのつくり方

ハードが整備されていても、反対にハードは個別ケアに向いていなくても、しつらえを中心とした入居者の環境整備次第で、生活の幅は広がります。環境整備からみた住まいのつくり方を探ります。

施設を暮らしの場へ

介護を必要とする高齢者の施設は、かつて収容の場としての機能が満たされればよかった時代がありましたが、今や「一人ひとりの快食・快便・快眠」が保障される生活の場が求められていることはご存知のとおりです。

しかし、入居者や家族の立場に立って考えるとき、これで満足していただけるでしょうか。自分の親が高齢者施設を利用することになったとき、皆さんは「いつまでも父や母らしく暮らしてほしい」と望むでしょう。自分が入居するならば多少の辛抱はできますが、自分の親には辛抱をさせたくないと思うのは、誰もが抱いている感情です。その人がその人らしく暮らせる場を提供したいという思いがしつらえだといえます。

入居者の希望を反映している？

皆さんは「マーケットイン」という言葉を知っていますか？ これは、ユーザーの視点に立って、そのニーズや動向に応える商品を開発・販売しようとする経営姿勢を指します。対義語としては「プロダクトアウト」がありますが、これは、サービス提供者や製造者が、「良いものを作れば売れる」という信念で商品を開発・販売していくという意味で、ユーザーにとって選択の余地が極めて少なくなります。

1960年代、三種の神器と呼ばれた「テレビ・洗濯機・冷蔵庫」がベルトコンベアで少品種大量製造された高度経済成長期は、プロ

ダクトアウトが主流でした。電話機も同様で、ダイヤル式のいわゆる黒電話はプロダクトアウトの象徴です。

電話機はやがてコードレスのホームテレホンや自動車電話、そして今や小型軽量化だけでなくインターネット機能やお財布・オーディオ・テレビ機能まで付加されて大きく様変わりしました。まさに、私たち消費者が求めてきたニーズを「マーケットイン」してきた結果です。

それでは果たして、介護サービスを提供する側、特に高齢者施設のサービスにおいて、私たちの扱う商品（ケア）は「プロダクトアウトではない」と言い切れるでしょうか。入居者やその家族は「入居しても自分らしい、自宅と同じような、ごく普通の暮らし」を望んでいると思います。私たちは、マーケットインの姿勢でサービスを提供しているのでしょうか。

認知症への理解を深め、しつらえの方向性を見出す

子どものように見えても、子どもではない

高齢になると動作が緩慢になります。認知症の人は、同じことを繰り返し尋ねたり、確認することもあります。また、コミュニケーションがとりにくくなることも多いです。しかしその人は、長い人生の山や谷を乗り越えてきたことを忘れてはなりません。子どもっぽく見えるときがあっても、子どもではないのです。

これは何も「お正月は羽子板や絵凧、春は雛飾り、夏は鯉のぼりや七夕飾り、秋は秋祭りにちなんだ祭りの団扇、冬はクリスマスツリー」など、季節や暮らしの行事にちなんだ環境整備を否定しているのではありません。季節を感じてもらうことには意味があります。子どものころのワクワクしたり、少し華やいだ気分を思い出してもらうためにするのもよいでしょう。しかし、それはあくまで「本物を飾る」ことが原則です。

皆さんの施設ではどうでしょうか。本物が手に入りにくいこともあり、「それなら手づくりで」と、色紙の出番となります。結果として、職員が忙しい合間をぬってつくり、園児もびっくりするほどの作品が登場してしまいます。子ども相手のようなしつらえはしないことです。

写真2-14　トイレの標識　　　写真2-15　トイレの扉のデザイン

標識を活用する

　物のもつサイン力、いわゆるしるしや標識の力を借りることも介護を助けます。

　「お手洗い」を例にとると、職員が紙に書いたものもあれば、お食事処（どころ）といわれるお店でよく見かける標識もあります（写真2-14）。トイレ独特の扉のデザインもあり、そこがトイレであることを認知しやすくしようという配慮です（写真2-15）。

　逆に、トイレでないことを認知してもらうためにはどうすればよいのでしょうか。居室やエレベーターで放尿する人がいる場合、居室を居室らしくしつらえ、エレベーターはトイレではないことを認識してもらうために、花や人形を飾ります。もちろん、トイレはトイレらしくしつらえます。

　一方で、その入居者とのコミュニケーションを増やし、排泄リズムを再調査し、早めにトイレ誘導することなども必要です。

「ソフト力」としてのしつらえ

「しつらえ」自体がソフト力をもつ

　物にはすべて、存在理由や価値があります。存在理由や価値があることは、高齢者施設でいえば、その物がケアをしてくれる、言いかえれば、ソフト力があると言えると思います。

　高齢者施設には花瓶に生けられた花があり、お茶出しのセットがあり、窓から見える景色があります。コーヒーの香りがするとき、そこにいる人々の心を和ませ、話題を提供してくれるはずです。こ

れは「しつらえ」自体がソフト力をもっている証です。

　草花と造花を比べてみましょう。当然のことですが、草花は枯れますが、造花は枯れません。枯れてしまった草花は、入居者に話題を提供してくれたり、ときには生命の限界のようなことを諭してくれるでしょう。しかし造花では、話題を提供する力が限られます。造花はソフト力の乏しい、単なるモノに過ぎません。

　しつらえをはじめとした環境整備は、それ自体が目的ではありません。入居者に癒しをもたらし、入居者から行為や行動をもたらす引き金です。物の存在価値を知り、そのうえでしつらえることが必要です。

住み込んでいくなかでつくり上げる

　私たちの暮らしと環境についてはこれまでに多くの学者が研究し、根拠（エビデンス）を示して論じています。

　一つには、環境が一方的に人間に影響を与える「決定論」、二つめは、人間と環境は相互に影響し合っているという「相互作用論」です。最近では、人間と環境は一体であり、お互いに手を取り合いながら共通の目標に向かって進んでいく存在であるとする「相互浸透論」があります。この相互浸透論に基づいて、施設のしつらえを考えてみましょう。

　一般住宅では、住み手が住み込んでいくなかでつくり上げていくものですが、高齢者施設では入居者自身がしにくいので、職員が代替してつくり込みます。しかし、入居者に対する理解が不足していたり、職員本位になったとき、そのしつらえは失敗します。その人を理解して、代弁者となってしつらえ、つくり込んでいくことを通じてケアの質を高め、暮らしを豊かにするのです。

　人の体温を拒否するかのような、一見すっきりとした高齢者施設がたまに見受けられます。こうした施設では、寝る・起きる・食べる、そして出すといった基本的なケアに明け暮れ、居室やリビング内は、身体ケアに必要なものだけが整然と機能的に配置されています。新設の高齢者施設などは、傷一つない新品のハードに尻込みしてしまうのでしょうか、入居者のための絵やカレンダーが長押にかかっていたりしますが、これでは入居者自身が見ることはできません。この場合、壁や柱に釘を打ってかける、もしくは相応の工夫が必要とされます。

長押…鴨居の上に取りつける横木。

住まい手である入居者を理解する

　職員が入居者の代弁者としてしつらえるためには、入居者がどの時代を生きてきたのかを知ることが重要です。また、どのようなときに心地よいと感じ、職員に何を求めているのかを察知する必要もあります。このように、情報を収集し共有する技術がなくては、その人のためのしつらえにはなりにくいでしょう。

　また、どのようなケアを提供したいのか、入居者にどのような暮らしを営んでいただきたいのかについて話し合うことも大切です。しつらえを話題にしたコミュニケーション技術も必要になります。

　次に、しつらえた環境で安全かつ快適な暮らしをしていただくための事故防止など、新たな介護技術も求められるでしょう。ゆったりと居続ける空間は、ひょっとすると衝立などで仕切られ、職員からすれば死角となるかもしれません。職員には5分後にその人がどのように行動するかといった予知能力はありませんが、その人の行動パターンや生活習慣などの情報を十分に活用することで、予見することができると思いませんか？　ここでも情報を整理し活用することが重要となります。

　このように、しつらえは現場に新たな介護技術を要求しているのです。

しつらえの留意点

　次に、施設内空間における環境整備について、具体的な留意点を記します。

　施設内の空間が比較的明確に区分されているユニット型施設をもとに考えていきますが、ユニット型でない高齢者施設も考え方は同じです。現状のハードを活かすためのしつらえの工夫を考えましょう。

個人の専用エリア──皆で協力して整備しよう

　入居者個人の専用エリアは、本人や家族、職員が協力してしつらえることをおすすめします。本人が自分の居場所として認識することで落ち着き、ほっとすることができるようにしつらえることが大切です。家族にとっても、施設内での主な居場所がこのプライベー

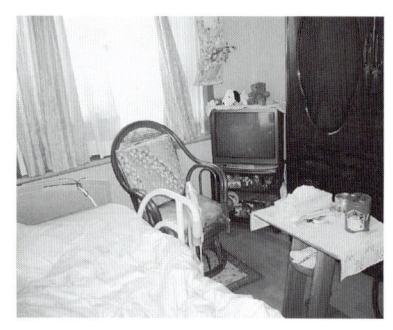

写真2-16、2-17 思い出の詰まった居室

トスペースとなります。

　入居前には、家族に対して「お引っ越し」という言葉を使い、「すばらしいお部屋になるよう、しつらえてください」とお願いしてもよいでしょう。タンスやソファ、テーブルなどをはじめ、思い出の品々で雑然としているように見えますが、楽しそうな居室があります（写真2-16）。また、家具などが整然と配置された居室もあります（写真2-17）。いずれも入居者の個性あふれる素敵な空間です。これら居心地がよさそうな居室の家族は、そうでない居室の家族より訪問が多いという結果も出ています。

食堂やリビング——場を継続させよう

　食堂やリビングなどのセミプライベートスペースではまず、「場が長続きするための工夫」が必要です。その場所があまりにも広い空間であれば、家具や観葉植物などで小さい空間に分節化（セグメント化）してはいかがでしょうか。

　人によっては、介護職員の近くで過ごしたい人もいれば、少し離れた窓辺を好む人もいるでしょう。そういった居場所の近くには、テレビやビデオデッキ、CDラジカセも見えます。入居者が見やすい位置にカレンダーもあります。テーブルの上には季節を感じる花、急須や湯呑みもあります。いずれにしても、家庭の食堂やリビングに近いしつらえをすることです（写真2-18、2-19）。

　境界となる出入口は「ただいま」「行ってきます」が意識できるように、下駄箱や鏡を置いてもいいですね（写真2-20）。

ユニットを越えたつながり——交流を促す仕掛け

　セミパブリックスペースでも、「家庭らしさ」と「本物志向」が

写真2-18、2-19　家庭に近いリビング

写真2-20　出入りを意識したユニットの玄関

写真2-21、2-22　喫茶コーナーのしつらえ

基本です。

　気の合った友人との語らいや、家族とゆっくりできる場所としての空間は、談話室や図書室、クラブ活動室、ときには喫茶コーナーの場合もあります。それぞれの場所にふさわしいしつらえをしましょう（写真2-21、2-22）。また、入居者間の交流を促すために介護職員がどう行動するか、高齢者施設としてどう取り組むかといった新たな工夫も必要となります。

　よい雰囲気のレストランには、腕利きのシェフや気の利いた接客係がいます。お店のインテリアもすばらしいです。しかしこれだけ

では不十分で、お店にふさわしい客が必要です。

入居者がセミパブリックスペースに出かけるとき、好みのスカーフを巻き、口紅をさして出かけるようにすすめてみませんか。きっとすばらしい雰囲気が生まれます。同時に、入居者の表情も生き生きしたものになります。

写真2-23　気の合った者同士が集まってのお食事会

喫茶コーナーで気の合う入居者が集まり、お食事会を開くのも楽しいでしょう（写真2-23）。地域に絵画クラブがあれば、常設展示として壁面を提供するのもよいでしょう。

誰もが気軽に地域を感じる空間

施設から地域へ出かけることは、入居者の体力や介護職員の人員配置の面で難しいこともあります。となれば、地域が施設に近づく（＝地域を感じられる）空間があれば好ましいといえます。

地域の人が気軽に立ち寄れるための配慮や、ボランティアの人がほっとできる居場所が必要です。感謝の気持ちとしてボランティア専用のロッカー、キャビネット、冷蔵庫、テレビなどを置いてもいいですね。

入居者が訪問者の姿を感じることで、地域に暮らしていることを実感してもらいましょう。地域の人は環境を整える大事な要素です。地域の人が気軽に利用できる軽食喫茶を設けている高齢者施設もあります。地域の人を対象に、高齢者施設で講習会を開催するのもよいでしょう。園芸ボランティアの協力を得るなどの働きかけをし、入居者とふれあえるよう支援することが重要です。また、ボランティア同士の交流会を開催するなど、ボランティアへの配慮も必要です（写真2-24）。

写真2-24　ボランティア交流会の様子

しつらえを活かせない？ そんなときに！

　皆さんの施設は、入居者の目を楽しませたり興味をひくものが極端に少ない、殺風景なリビングではありませんか？　あるいは、誰も見ていないテレビだけが大きな音を出していて、しかも入居者が手を触れないよう、天井に近い位置にしつらえていたり……。

　環境整備とは、普通に考え、当たり前のことをするということです。「自分の家だったらどうするか」、そんな基準でしつらえてみるのもよいでしょう。「介護する側の都合でケアをしない」のは、個別ケアの大原則です。

　全体に染み込んだ独特の施設臭や、入居者の表情や家族の目の輝きがケアの質を表わすといわれていますが、「しつらえ」を判断材料に加えてもよいでしょう。しつらえは、入居者を一人の人間としてケアしているかどうかを表わします。しつらえが、その施設のケアを表わすのです（表2-1）。

表2-1　環境整備の3か条

❶しつらえは、介護が必要な入居者への私たちの理解の深さを、目で見えるものにします。
❷しつらえは、入居者の個性を、目で見えるものにする力があります。
❸しつらえは、介護の質を、目で見えるように表現する力をもっています。

　環境整備は、しつらえることで入居者を見つめ、その人の暮らしを支えることを常に考える大切さを学びます。

　入居者一人ひとりの好みや人生経験という、目に見えないものを理解し、その人らしく暮らしていく環境を整える。そのプロセスがなければ、しつらえることにはなりません。

　最後に、私が入居者であれば、テレビに介護してほしくありません。介護職員と会話ができなくても、介護職員のそばにいられるだけでよいでしょう。そう考えると、介護職員も環境を整える要素の一つです。この点も自覚して、環境整備をすすめましょう。

> コラム

ソファの置き方

　窓を背にして置かれたソファ。何のために、誰のためにそこにソファを置くのかを考えてみましたか。空間を埋めるだけであったり、ソファが家庭らしさをイメージしやすかったり、ソファを置けば家庭らしさが演出できるという意図があるのかもしれません。

　モデルルームやマンションの広告写真のようになったとしても、雰囲気を提供でき、ソファを見て家庭らしさを感じてもらうのであれば、それも意味があるでしょう。しかし、介護職員が入居者を監視しやすいように、見守りやすいようにという職員本位でソファを置かないようにしましょう。

　入居者がそこに座って心地よいこと、「ちょっと腰かけていきませんか」とソファが語りかけてくれるような置き方を考えてみませんか。窓の外には木の葉をゆらす風があり、緑の田や畑をわたってくる風があります。戸外の光や動きを感じられる配置を心がけましょう。

　それでは、戸外空間をあまり感じられないところにソファを置く場合、居心地がよく、その場が持続できるためには何が必要でしょうか。

　視覚や聴覚、嗅覚に訴える心地よさを感じるものがほしいですね。キッチンでの水の音、ご飯の炊ける香り（キッチンがなくてもコーヒーの香りは立てられます）。金魚を飼ってみるのもいいでしょう。照明の色や器具の形、位置、高さも大切です。目や耳、鼻から心地よさを感じてもらう工夫を心がけましょう。

ユニット費とは別枠で「しつらえ費」を

　ユニットでちょっと大きな家具を買いたいと思っても、ユニット費では簡単に買えないですよね。そこで筆者の施設では、1ユニットごとに年間4万円の「しつらえ費」を出していますが、使わなかった金額は予算枠として繰り越しできるようにしています。もちろん年度内に使い切ってもかまいません。ユニット費、しつらえ費、入居者の個人負担などのルールや精算の規則を決めています。ルールを守っていれば、ユニット費で購入したものについて施設長は一切口出しはしません。

施設全体のしつらえは委員会がアドバイス

　ユニットの中をしつらえても、ユニットの外の公共部分はつい後まわしになったりしていませんか。また、他のユニットのしつらえがどうも気になるけど…と思ったことはありませんか。しつらえ委員会はこんな時に力を発揮します。また、施設内の素敵なしつらえ、気になるしつらえの写真を掲示してコンクールを開いたり、アドバイスをしています。

3-1

実践施設の取り組みから
——特別養護老人ホーム「ハーモニー広沢」（群馬県桐生市）

Ⅱでみてきたように、ハードとソフトは相互補完的な役割があります。
職員の思いからハードを改修し、ソフト力の向上につなげた実践を紹介します。

施設改修のきっかけ

　施設開設から4年が経過した頃のことです。ユニットリーダーの一人から「ワーカーステーションのカウンターを壊せませんか」と尋ねられました。このとき私（施設長）は「とうとう来たか!」との思いを禁じ得ませんでした。

　ユニットケアを推進する高齢者施設として、職員には「ここは暮らしの場です」「入居者一人ひとりの居場所づくりを」と、ことあるごとに話してきました。にもかかわらず施設のハードは、入居者が今まで暮らしてきた自宅とはあまりにもかけ離れた住環境でした。

　ハーモニー広沢はそれまで、二つのユニット間に仕切りがなく、カウンター形式のステーションでつながっている構造でした（写真2-25、2-26）。住環境を整備する必要性を感じてはいても、改修資金や人員配置の問題、認知症の入居者の見守りが困難である等の言いわけをし、本来のユニットケアのあり方を頭では理解していても、現実問題として各ユニットを独立させることは難しいと逃げてばかりいたのです。

　そのような状況のなか、ユニットリーダー研修の実地研修施設として、実際に実習生を受け入れるユニットリーダーたちは、二つのユニット間を家具で仕切ったり、壁の設備関係のスイッチ類を隠すためのカーテンをかけたりと、一生懸命努力していました。

　しかし、そうしたさまざまなしつらえの工夫も、一時しのぎにすぎないことは明白でした。職員の、絞り出すような改修の訴えはまさに、ここで暮らすしかない入居者の声を代弁したものに聞こえ、私は「ここを暮らしの場にしよう!」「一人ひとりにとって居心地のよい場所を創ろう」と決意したのです。

改修に向けての奔走

　ユニット間に壁をつくることを決意し、まずは入居者と家族に理解を得るため、アンケートや面会時に趣旨説明を行い、同時に予算計上のため法人役員との話し合いをもちました。

　改修にあたり、資金の調達もさることながら、人材確保（パート介護職員2人の増員）やユニットごとのユニットリーダーの配置等、収支や人件費の問題は一施設だけではなく、法

改修前（2つのユニットが1つになっていた）　　　　　改修後

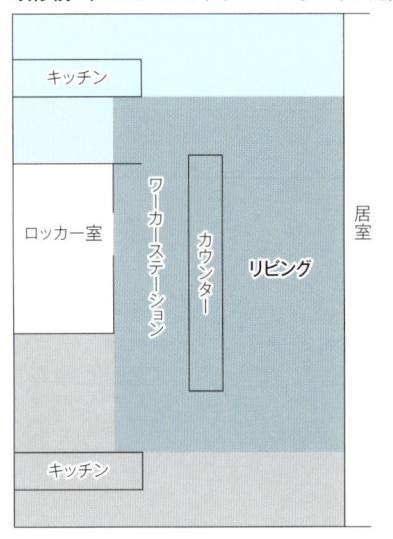

図2-9　改修前と改修後の1階平面図

写真2-25　改修前のワーカーステーションの様子。機器類が丸見え

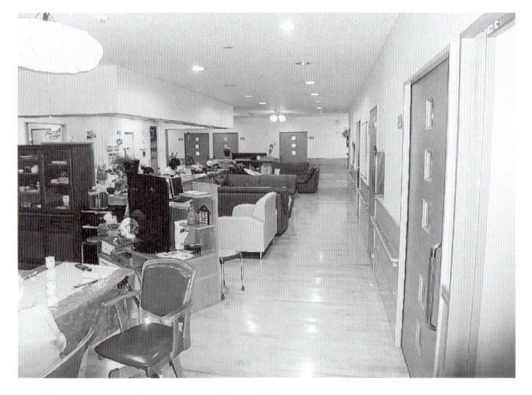

写真2-26　壁をつくる前の様子（2ユニットが24mの長い廊下でつながっていた）

写真2-27　ステーション中央から壁でユニットを区切り、「私の好きな場所」のできあがり

写真2-28　壁をつくった後の様子。各ユニットにくつろぎのスペースが生まれた

人全体にかかわる問題となります。そのため中長期的な方向性について、理事長以下法人役員、各施設長に対して、根気よく説得、説明を行いました。

「なぜ狭く仕切る必要があるのか」「本当にメリットがあるのか」という意見に対しては、住環境の変化により認知症の人が落ち着き、事故の発生が減少し、入院も減少することで収入の安定が図れることや、家庭的なしつらえを目で見て実感することで、結果として入居希望者が増えることが期待されるといったメリットを強調しました。

このように一つずつていねいに説明を行うことが、施設にとっても改修の目的を再確認することになり、「ユニットケアとは？」「目指す個別ケアとは？」をより深く理解することにもつながっていきました。

結果は、翌年度予算で改修工事費として1000万円を計上し、独立したユニットが完成しました（図2-9）。この改修が実現できたのは、入居者にとっての「住まい」をつくりたい、「当たり前の暮らしの場」をつくりたいという職員全員の熱き想いがあったからこそです。

個別ケア実践への手ごたえ

改修後の変化は三つありました。第一は認知症の人の行動です。リビングで1分たりともくつろぐことが困難だった人がゆっくりテレビを見たり、一日中ユニット内を移動していた人が自ら新しくできたスペースに腰かけるなど、今までにない行動をとるようになりました。そんな様子から、いかにハードが住まいの重要な要素であるかを改めて実感することとなりました。

第二に、改修したスペースは入居者一人ひとりのニーズに合わせて変化することができる多機能空間となったことです。一人で好きなことを楽しめる「私の好きな場所」となりました（写真2-27、2-28）。

第三は、職員の意識の変化です。情報共有の重要性に気づき、申し送り方法の見直しやチームケアの研修等につながりました。さらに、なかなか進まなかった24時間シートの導入に関しても積極的な取り組みがみられるようになり、「入居者をもっと知りたい」という意識が深まったことは、改修による大きな収穫でした。

介護単位と生活単位の一致というハードをつくり上げたことで、施設にとって単にハードの変化だけではない多くの変化（効果）がみられました。「住まい」という考え方から生まれる個別ケアの基本は、「人にはそれぞれ異なった暮らしがある」ことにあると、改めて理解させてくれたように思います。

（施設長　祖父江啓子）

3-2

実践施設の取り組みから
——特別養護老人ホーム「かざこしの里」（長野県飯田市）

ハードとソフトの融合の例として、入浴は目に見えて効果が現われるものです。
浴室改修をきっかけに何が変わるのか、かざこしの里の実践から探ります。

浴室改修のきっかけ

　かざこしの里の浴室改修には、二つの理由がありました。一つは、ハードの課題として2ユニットに一つの個別浴槽しかなかったため、入浴当番制が残っていたことです。もう一つは、介護職員の実技研修がきっかけでした。

　介護技術を高めるための実技研修を通じて、「車いすからいすへ」、さらに「機械浴槽から個別浴槽へ」という実践が試された結果、機械浴槽に入る人が少なくなり、個別浴槽に入る待ち時間が増えてきたのです。

　さらに、生活の幅を広げ、ゆったりとした入浴の雰囲気（空間）にこだわり、関心をもつようになった介護職員から、檜風呂がほしいという声が高まりました。

改修の実際

　前述の実技研修をきっかけに、若い介護職員を中心とした「入浴サークル・先駆☆隊（さきがけたい）」なるサークルができ、自発的に個別浴槽への取り組みが始まり、私（施設長）に「何とか個別浴槽を増やしてほしい」「どうせならば檜風呂を」と提言してきました。

　そこで「ホーロー浴槽と比べて費用が数倍かかる」「カビ対策やメンテナンスが大変である」ことを説明し、より具体的な計画（対策）を提案するように指摘しました。

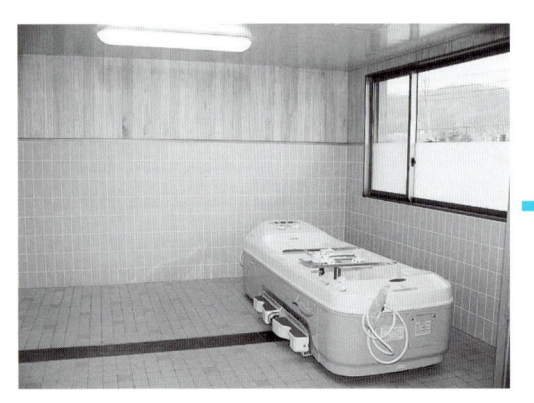

写真2-29　改修前の機械浴槽

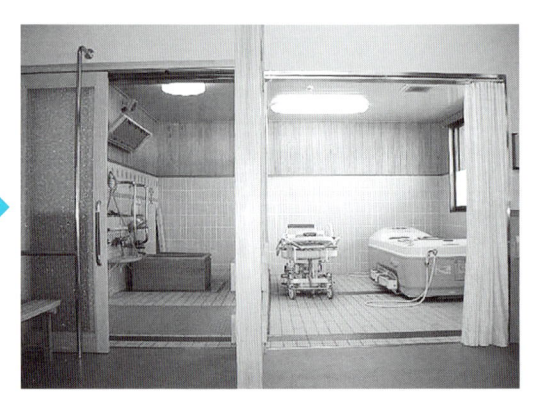

写真2-30　改修後の機械浴槽と檜風呂

写真2-31　改修前の脱衣所

写真2-32　改修後の脱衣所

　その1か月後、職員はベニヤ板（スロープ用）とダンボール（浴槽用）を使って仮設で（個浴改修の）浴室の造作を始め、県外や温泉地にも見学に行き、実際の檜風呂の現場を見てきたりしたのです。

　荒削りな面もありましたが、職員のこうした熱意や、自分たちで考えた力を大切にしたいと思い、次の点に留意することで、改修を決定しました。

❶　無機質な機械浴槽のある浴室（写真2-29）を、檜風呂と機械浴槽に区分けし（写真2-30）、情緒性に配慮して家庭的なタイルに張り替えた。

❷　座位を安定させるため、檜風呂の大きさと木の縁を工夫し、特注品とした。

❸　檜風呂浴槽の縁をまたぐ動作が可能となるように、床に適度な高さでゆるやかなスロープをつくった。その結果、床暖房が効かなくなったため、壁に遠赤外線ヒーターを設置した。

❹　介護職員が扱いやすいように、給水器具（シャワー）の位置を変更した。

❺　檜風呂への入浴に対するさらなる取り組みの約束と、利用後のメンテナンスマニュアルを図解で作成した。

❻　脱衣所もプライバシーに配慮し（同時に2人入浴できるように）、カーテンの仕切りだけでなく、新素材パネルや木を使用した（写真2-31、2-32）。

　かかった経費は計400万円ほどでした。浴槽をホーロー式にし、壁や間仕切りをサッシにしたり、タイルの張り替えがなければ、おそらく250万円ほどですむでしょう。

　高額な改修にはタイミングがあり、適時・適切な判断が必要です。入居者と介護職員双方の気持ちとニーズがあり、入浴待ちをしているという時間のロスをどのように考えるか、加えて費用対効果の視点も必要です。

介護職員に負担のかからない入浴を目指して

　もう一つの改修は、座位式浴槽のある浴室（写真2-33）を、リフト式浴槽と座位式浴槽に浴室を分けるというものです（写真2-34）。これは、個別浴槽を増やす以上に、介護職員の負担を軽減することが目的でした。介護技術を習得しても、職員の腰に負担がかかることは避けられません。福祉用具を介護の手段として活用することのメリットを考えていくことが必要です。

　ユニットごとに個別浴槽を備えた浴室を設

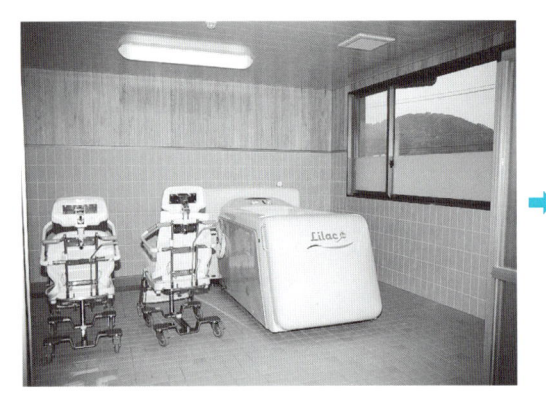

写真2-33　改修前の座位式浴槽

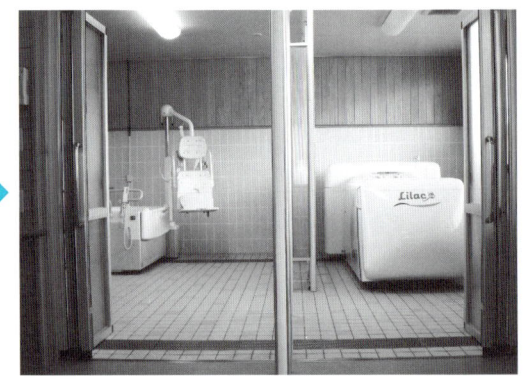

写真2-34　改修後のリフト式浴槽と座位式浴槽

けることが望ましいのですが、建物の構造上困難なときは、共有の浴室内に個別浴槽を複数設ける（またはできる限り利便性のよい場所に分散させる）ことで、ハードのもつ力によって、介護職員の入浴時の対応や時間のロスの減少に効果があります。

　個別ケアであれば、本来はお風呂に入りたいときが入浴時間であり、特に認知症の人は入りたいと思ったときに入れないと気が変わってしまう傾向があります。そのためにも、できる限り個別浴槽の数は多いほうがよいはずです。

　1階と2階に個別浴槽を増やしたことにより、待ち時間は以前よりも減少し、檜風呂を楽しみにゆったりと入浴する入居者が出てきました。さらに介護職員も、入浴中のくつろぎの時間に寄り添うことが増え、待ち時間が少なくなったことで以前より勤務交替がスムーズに行われるようになりました。

　入居者が重度化すると、それまでと同じように個別浴槽に入ることが困難な人も増え、個別浴槽対応型リフトは必須となります。これは、慣れると介護職員一人で操作でき、安全です。リフトや福祉機器には抵抗感もあると思いますが、やり方一つで、温かくやさしい道具になるものです。

　そして導入する前には、道具（機器）やテクニックよりも、考え方（理念）や視点が大切です。職員の意識のないところに道具を設置しても、うまく利用（活用）してもらうことはできません。継続して使う意識をもたせ、活用（実践）することが大切です。

　最後に、檜風呂のメンテナンスに関して付記しておきます。檜風呂をつくったとしても、さまざまな問題から使うのをあきらめ、結局そのまま放置してしまう事例が少なくありません。その理由の一つがカビ対策です。

　市販の塩素系カビ取り剤で洗っても、しばらくすると外側が黒っぽくなってきて、カビは生えるものとしてあきらめてしまうケースがあります。当施設では、使用前に専門業者のアドバイスを受け、マニュアル（❶浴槽にカビ対策（クリア系）塗料を塗り、❷入浴後スポンジで水洗い、❸タオルで乾拭き）に沿って実践しています。この方法だと3～4年カビは生えてきません（メンテナンスが大変であると考えるならば、逆にホーロー浴槽をおすすめします）。

　木の湯船が好きな文化をもつ高齢者の視点に立ち、同時に職員の意識と継続性も考えながら、住まいとしての空間（入浴）を整備していくことが大切です。　（施設長　安田正義）

Ⅲ
暮らしをつくる

暮らしの基本は「食べる」(食事)、「出す」(排泄)、「寝る」(睡眠) に
加えて、暮らし全般に広がりをもたせることです。
すべてはこの四つを保障することから始まります。
また近年は、医療との連携も欠かせません。
本章では、こうした暮らしを保障する事柄について
必要とされる工夫と実践を紹介します。

はじめに

「Ⅲ　暮らしをつくる」では、人が生きていくうえで欠かすことができない「食べて・出して・寝る」等の基本の項目と、暮らしに潤いを与える「くつろぐ」の項目について、そのあるべき姿を確認しています。
一人ひとりの意向に添うことは本当にできるのか、不安の方も多いと思いますが、「必ずできます」。ぜひ参考にしてください。

アンケートの結果…平成21年度 厚生労働省老人保健健康増進等事業「経年変化を踏まえたユニット型施設における実態調査」にて全国2か所でユニットケアセミナーを開催し、セミナー開始前に参加者へ行ったアンケート結果

　図3-1は、一般の方を対象に「老人ホームに入居してもいいと思いますか?」と尋ねたアンケートの結果です。入居してもいいと思う人は、全体の3割という低い結果です。
　「なぜ、入居したくないと一般の人が考えているのか、わかりますか?」。この理由を介護職員対象の研修で尋ねると、「好きな時間に好きなことができないイメージがあるから」という答えが返ってきます。「食べて・出して・寝る・入浴・くつろぐ（余暇活動）」などの行為こそ、人が生きていく、毎日暮らしていくうえでの基本的な行為で、誰からも指示や制限を受けたくない、自分流の行為です。それは、自律していても、サポートを受けていようとも同じことです。

食べる〔食事〕…私たちが毎日食事をするのは、身体の維持・活動のエネルギー源を得るためです。そのためには必要な栄養素をとれば用が済むのではなく、おいしく・楽しくなければ、「食べようとする意欲＝食欲」は湧きません。さらに高齢者のサポートの視点に立つと、重度化・認知症の人への食の個別対応を考慮する必要があります。そのためには、食形態の工夫や当たり前の食事の光景が日常にあることが必要です。

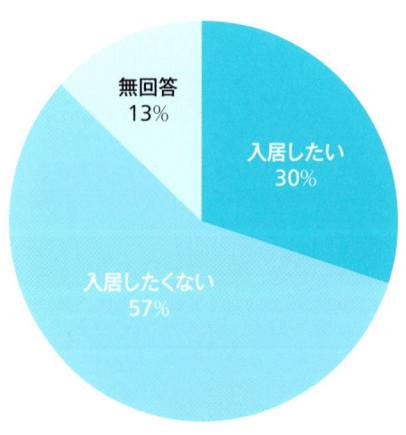

図3-1　アンケート「老人ホームに入居してもいいですか?」
- 入居したい 30%
- 入居したくない 57%
- 無回答 13%

出す〔排泄〕…「人知れず、こっそりと用を足したい」と思うのが、排泄のあり方です。高齢者も同様で、大きな声で「おトイレ行きますか？」などという声かけや、排泄交換車やふた付きバケツなど、一目で排泄交換とわかる物品の使用を避け、トートバック等のように何をしているかわからない物を使用するなどの配慮が必要です。さらに、排泄のリズムは全員異なるため、まずは個別のデータを取ることがスタートです。

寝る〔睡眠〕…「眠る」ことのとらえ方は、ぐっすり眠ることにより1日の疲れをとる、つまり「疲労回復＝睡眠」です。高齢者（入居者）の睡眠はどうでしょうか。障害の度合いにもよりますが、高齢者のサポートには、「入眠状況」を見極めることが大切です。

くつろぐ〔余暇活動〕…自分の暮らしで大事にしたいことを尋ねると、「自分の時間を自由に使いたい」という答えが半分を占めます。「食べて・出して・寝る」など、人が生きていくための基本の行為が満たされていれば、次に出てくる欲求としては、当然の結果なのかもしれません。このサポートには、綿密なサポート体制の準備が大切です。

医療との連携…研修中に「水分補給のために全員一律に2リットルの水分を取らせないといけない」などという意見を聞く場合があります。看護師の指示でしている場合と、どこかで聞きかじった知識の伝達で、その根拠もわからず伝統的に行われているという事実もあります。

　介護職員を対象にした研修と看護師を対象にした研修の両者にかかわると、両者の特性がよくわかります。目的は同じく「人」を対象にしていても、教育や専門の追究の差などで微妙にずれが生じている場合があるのです。しかし、ともに大切なことは、サポートの対象者が「生身の身体」をもっている「人」であることです。「身体」の知識は欠くことができませんが、「身体」の存在は「暮らし」のなかにあることも忘れてはなりません。Ⅲでは、その視点について具体的に説明をしています。参考にしてください。

1 「食べる」（食事）を保障する

私たちのみならず、高齢者にとっても、食事は大きな楽しみです。
食事のサイクルが一日の生活の流れとなり、暮らしをつくります。
しかし、入居者の好みを無視した食事や、チューブで栄養を補給するだけの食事は、
果たして楽しみとなるのでしょうか？
食の基本は、口から食べておいしい食事です。
まずは、こうした「食べる」を保障するために必要な工夫を探ります。

集団処遇時代の「食事」

　地球上に生きるものは、太古の昔からその生命を維持するために食べ、食べるために生きてきました。その営みのなかで、人類は二足歩行を獲得することにより脳を発達させ、豊かに生きること、食べることを楽しむ余裕を手に入れたのです。

　現在、世界には食べ物に困窮している国々もあるなか、幸いなことに日本は、食べ物や水を十分に手に入れることができる環境にあります。豊かな食生活のなかで、老若男女が皆「おいしいもの」を食べたいと思っているのです。

　それでは、「おいしいもの」とはいったいどのようなものでしょうか？　甘いものが好きな人もいれば、嫌いな人もいます。辛いものが好きな人もいれば、まったく食べられない人もいます。つまり、人には「好み」というものが存在し、自分にとっておいしいものとおいしくないものを判断する基準の一つになっているのです。

　「集団給食」という言葉がありますが、これは文字どおり集団を対象に食を給することです。かつて、高齢者施設の給食は「食べさせること」に重点が置かれ、入居者一人ひとりの好みや状態に配慮した食事とはほど遠いものでした。

　大きな食堂に誘導された入居者が、エプロンをして食事を待っていると、それぞれの名札のついたトレイが運ばれてきます。自分で食べることのできる方は自分で、そうでない方は食事介助の介護職員が、自分は座ることなく一人で何人も受けもち、スプーンで入居者の口に食事を運びます。食器には何の料理なのか判別しにくい、細かくきざまれたものが盛りつけられ、時折むせる声が聞こえます。

果たして食事をしている人、介助してもらう人は、食事を楽しめていたのでしょうか？　せっかく食べるのであれば、楽しく、おいしく、残さず食べてもらいたいですね。

個別ケアの視点から高齢者施設の食事を考える

　現在、高齢者施設の食事は、「集団」から「個人」を対象としたものに移り変わろうとしています。これは何も、入居者一人ひとりに対して別々の料理をつくるというものではありません。一人ひとりの状態に合わせた食事を提供するということです。

　一般に高齢者施設の食事は、厨房で一括して調理されることが多く、調理そのものは集団給食の概念から抜け出すことはできません。しかし、入居者の好みや嚥下の状態に配慮し、おいしく、楽しく、安全な食事を提供することはできるのではないでしょうか。

　例えばこんな例があります。

①ごめんなさいね。私柔らかい卵苦手なの。固ゆで卵が好きでね…／あれ？Aさんどうして食べないのですか？
②誤嚥しないように食べやすいようにやわらかく調理していたのに…
③ひとり分だけフライパンで固めに作るんですか？！
④Aさんに喜んで食べてもらいたいの

　このように、施設給食でも個別の対応はある程度可能です。入居者をそばで見守り観察できる栄養士と、その栄養士の要望に応えてくれる厨房があれば、従来型の集団給食から抜け出せるのではないでしょうか。

食を保障するための工夫

最大数の食形態を中心とした献立

　ひとくちに高齢者施設といっても、特別養護老人ホームや介護老人保健施設、グループホーム、ケアハウス、有料老人ホームなど種類はさまざまで、対象となる入居者の状態も異なります。ですから、高齢者施設において食事を提供するときに考えなければならないのは、その集団がどのようなレベルの入居者で構成されているかということです。

　有料老人ホームやケアハウスは食事について自立している人が多く、反対に特別養護老人ホームでは食事に介助を必要とする人が多いでしょう。そのなかには、摂食・嚥下に問題があり、誤嚥というリスクを背負って食事を続けている人も少なくありません。このような状況を踏まえ、献立を作成するときには人数的に最も多いレベルの食事を中心に組み立てを考えてみてはいかがでしょうか。

　嚥下障害者が多ければ、アレンジしやすい常食を考え、粥が米飯よりも多ければ、粥の献立を中心に考えるなどの工夫をすることで、入居者に合わせた食事がつくりやすく、厨房での調理作業も簡素化できる可能性があります。

　また、新調理システムを採用し、調理の効率化を図る方法もあるでしょう（写真3-1）。

高齢者に必要な栄養素

　「日本人の食事摂取基準　2010年版」によると、70歳以上の高齢

> 日本人の食事摂取基準…国民の健康の維持・増進、生活習慣病の予防を目的に、エネルギーおよび各栄養素の摂取量の基準を示すもの。5年に一度改訂。

真空包装した野菜（煮もの）。これからスチームコンベクションで加熱します

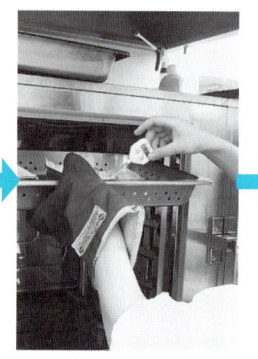

スチームコンベクションにて加熱調理。芯温の確認中

加熱後、ブラストチラーにて急冷却

写真3-1　新調理システムの一例

者の身体活動レベルが高く修正されたことにより、70歳以上では推定エネルギー必要量が増加しています。しかしながら、高齢者の特徴として個人差が大きいので、個別に対応する必要があります。

　カルシウムは、年齢にかかわらず日本人は不足気味とされ、高齢者の骨粗鬆症に起因する骨折は、日本では寝たきりの原因の第2位となっています。

　人の身体は、血液中のカルシウム量を一定に保たないと心臓や脳の働きを阻害し、生命を維持できなくなるため、不足すると骨からカルシウムを取り出して血液中に送ることになり、骨粗鬆症が促進されます。70歳以上の場合、カルシウムの1日あたりの摂取推奨量は男性で700mg、女性で600mgです。ちなみに、推奨量のカルシウムを牛乳だけで摂ろうとすると、毎日約600mlは必要となります。無理なく摂取するためには、牛乳のほか乳製品、海草、小魚などを上手に料理に組み込むことが必要です。

　たんぱく質も欠かせない栄養素の一つです。たんぱく質は筋肉や臓器、血液、骨、爪など、身体をつくるための栄養素で、約20種類のアミノ酸から構成されます。そのうちの8種類（子どもは9種類）は人体で合成できないため「必須アミノ酸」と呼ばれます。

　たんぱく質の一日の摂取推奨量は、70歳以上の男性で60g、女性で50gとされ、食品に換算すると、1日のおおよその目安量は卵1個、まぐろの赤身60〜80g、豚のもも肉60〜80g、木綿豆腐50g、納豆50g、牛乳200mlと、穀物などに含まれるたんぱく質を加えたものとなります（写真3-2）。

　動物性、植物性のたんぱく源をバランスよく摂取すると、脂質、

写真3-2　たんぱく質が多く含まれる食品

ビタミンB_1・B_2、鉄、カルシウム、食物繊維なども合わせて効率よく摂取することができます。

そのほか、脂質、糖質、ビタミン、ミネラルなど、どれも身体に必要な栄養素なので、多くの食材を用いてバランスのよい食事を心がけましょう。

食べてもらう工夫

人の身体に必要な栄養量は、個々人の体重、BMI（体格指数）、体重減少率、AMC（上腕筋囲）、TSF（上腕三頭筋皮下脂肪厚）などの身体計測値、生化学検査値、病態を参考に決められます。エネルギー必要量は、表3-1、3-2のような方法によって求められます。

高齢者は身体機能の低下などにより、吸収率の低下や食べられる食品のかたより、摂取する行為そのものが困難となる場合が多く、必要量をどのようにして身体の中に取り込むかが重要です。

皆さんの施設でも「なかなか食べられない」「誤嚥を起こしやすい」など、気になる入居者がいることでしょう。アルツハイマー型認知症やパーキンソン病、脳血管性疾患などの進行により摂取困難な事態が生じますが、その原因や状況がさまざまであるため、決まった解決法はありません。

摂取に時間がかかりすぎるのであれば、食事のボリューム（量）を軽減する「ハーフ食」と呼ばれる方法が有効です（写真3-3）。足りない栄養素については、高栄養の補助食品を用いるのが一般的ですが、入居者の状況と好みを考慮し、個人に合ったものを選択しま

表3-1　標準体重あたりの栄養量

栄養状態	エネルギー （体重1kgあたりに必要な1日のエネルギー量(kcal)）	たんぱく質 （体重1kgあたりに必要な1日のたんぱく質量(g)）
良い	25～30	0.8～1.0
やや悪い	30～35	1.0～1.2
悪い	35～40	1.2～1.5

標準体重$(kg) = [身長(m)^2] \times 22$

表3-2　必要エネルギーの計算式

① Harris-benedictの式

基礎エネルギー消費量（BEE）
男性　66.5＋(13.75×現体重)＋(5×身長)－(6.78×年齢)
女性　655.1＋(9.56×現体重)＋(1.85×身長)－(4.68×年齢)

②必要エネルギー計算：4種類

① BEE×(臥床1.2、立位1.3)×ストレス係数
② BEE×活動係数×ストレス係数＋300kcal（著しい体重減少）
③日本人のための簡易式
　　男性　BEE＝14.1×現体重＋620
　　女性　BEE＝10.8×現体重＋620
④実体重×25～35kcal、肥満ではBEE×1.2
　　注1：日本人の場合①×0.8でも足りる
　　注2：外傷時は、2～3日で体重増があり得るので健常時の体重を使う
不明の際は実体重、IBW（標準体重）の順に活用する

参考：足立香代子『検査値に基づいた栄養アセスメントとケアプランの実際』チーム医療、2006年

常食
豆腐の肉みそかけ、かぶの甘酢あえ、大根と人参のうす葛煮、みそ汁、米飯

ハーフ食
粥、副食を1/2にし、補助食品のゼリーで補う。野菜は小さく切り、増粘剤でまとまりを形成し、飲み込みやすくしている

写真3-3　ハーフ食の例

す。
　偏食傾向の強い入居者であれば、好きな食品を取り入れます。主食をよく残す場合には、ふりかけやのり佃煮などを用いると効果的でしょう。一回に少ししか食べられない場合は分食が有効で、食事と食事の間に間食を入れます。一度にたくさん口の中に詰めてしまう場合には、食事を小分けにしたり小さいスプーンを使うことで改善がみられます。
　食形態を変更することで摂食不良が改善される場合もあります。いずれにしても入居者の状況をよく観察し、試行錯誤しながら対応方法を決めましょう。
　加えて重要なのは、水分摂取量です。高齢者は体内に保持している水分の量が少ないため、水分不足に陥ると脱水症を起こしやすいのです。水は飲料からだけでなく、ご飯や煮魚、茶碗蒸し、シチューなどさまざまな料理からも体内に取り込まれます。「飲んで1000ml、食べて1000ml」といわれますが、体格や運動量の違いにより、必要量に個人差があるので注意が必要です。

摂食・嚥下障害の方への食の保障

　人は歳をとるにつれて、全身の筋肉や体力が衰えるのと同時に、食事の摂取機能にも影響が現れます（表3-3）。
　通常、人が食物を食べるときは、口腔内で咀嚼してゲル状の食塊を形成します。食塊は咽頭を通過し、食道を通って胃に送られま

す。この過程で何らかの異常が起こり、食物が気道に入り込むことを誤嚥といいます。高齢者のなかには、誤嚥や咽頭残留物によって引き起こされる肺炎（誤嚥性肺炎）で命を落とすことも多く、うまく噛めない、飲み込みが困難な人のために配慮された食事の提供が必要です（写真3-4）。

それでは、配慮された食事とは一体どのようなものでしょうか？❶適度な粘性があり、口に入る前から食塊が形成されている、❷舌で押しつぶせるくらいの硬さがある、❸表面が滑らかで、咽頭を通るときに変形しやすく、バラバラにならないものです。

摂食・嚥下の状態には個人差があり、歯牙の欠損や不具合、義歯の不適合などは、治療や調整によって改善することが可能です。しかし、パーキンソン病やアルツハイマー型認知症によくみられる、口が開けにくい、または閉じにくいなどの障害や、嚥下反射能力の低下によって引き起こされる口腔内のため込みと嚥下時の「むせ」などは改善が難しく、ムースやゼリーなどその人に適した食形態や提供方法を選択する必要があります。

写真3-4　咀嚼・嚥下状態に配慮した食事の一例

表3-3　加齢による身体機能の変化

- 歯の欠損（硬いものが粉砕しにくくなる）
- 咀嚼力の低下（噛む力が弱くなる）
- 嚥下機能の低下（飲み込みが悪い、むせやすい）
- 感覚機能の低下（味覚、嗅覚、視覚、聴覚など）
- 食欲がわかない（低栄養になりやすい）
- 消化器官の機能低下（吸収力の低下、便秘になりやすい）
- 骨密度の低下（骨折しやすい）
- 喉の渇きに鈍い（脱水症、血栓になりやすい）
- 運動機能の低下（食事動作が緩慢になる）
- 認知症による影響
- 脳血管性障害、パーキンソン病などの疾病による影響

ぷるんとしたゼラチンのゼリーは咀嚼・嚥下状態に配慮した食事の代表ですが、舌の不随意運動が激しい人ではゼリーが飛び出してしまうことがあります。また、舌の動きが不十分な人は、長時間口腔内にあることでばらけたり溶けたりして、予期しないタイミングで咽頭に入り、むせることもあります。このような場合には、食形態の工夫のほか、姿勢や食事介助の方法を改善することで安全性を高めることができます。

　また、入居者の状態はいつも一定ではないことにも注意しなければなりません。1日のなかでも、朝・昼・夕でまったく異なる状態を示すことがあるため、食形態を変更する場合には、一度きりの試行による結果で判断するのではなく、何日かのお試し期間を設けて評価しましょう。

より楽しく、おいしく、安全な食事の保障

　食事に適した環境とは、
- 明るい室内で楽しく食事ができる
- 身体に合ったいすや車いす、テーブルで食事に適したよい姿勢を保つ
- 食器類が個人の機能に合わせて使いやすい
- 食事が見た目にも美しく、食欲がわく
- 食事時間、周囲の状況など、個人の生活スタイルに合っている

などがあげられます。そして何よりも、介助にあたる介護職員の意識や声かけなど、全体的な姿勢が大切です。

　入居者個々に適した食事、喜んでもらえる食事を提供しようと思

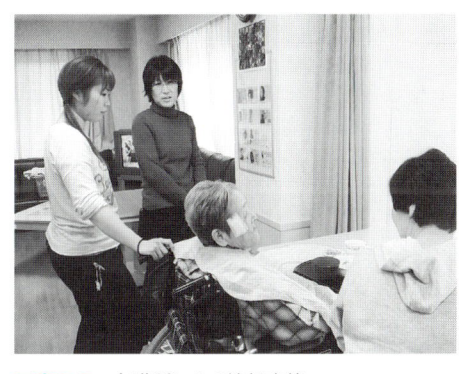

写真3-5　多職種による情報交換

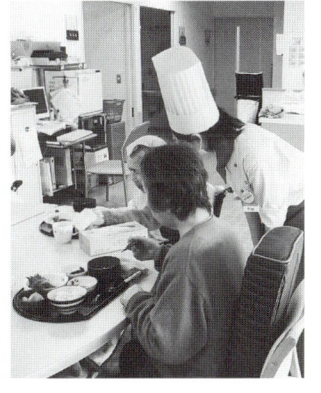

写真3-6　入居者の食事の様子と厨房職員

うならば、栄養士は積極的に入居者と接し、食事中のみならず日常の様子も観察し、介護職員と連携し、情報の交換を行う必要があります（写真3-5）。

　厨房で働く職員は、自分たちが調理した食事を入居者が食べている光景を見ましょう（写真3-6）。実際に食べている場面を意識することで、より楽しく、おいしく、安全な食事が提供できるようになるでしょう。

2 「出す」（排泄）を保障する

高齢者施設におけるケアのうち、排泄ケアは最も労力を要します。
おむつの装着により、ADLの低下や認知症の進行などの悪循環があることはわかっていても、
スタッフのマンパワー不足から、十分な排泄ケアができていない施設が多いようです。
排泄ケアは、食事や睡眠といったケアと密接に関連し、
その状態はケア全般に甚大な影響を及ぼすものです。
排泄ケアのあるべき姿とその具体的な道筋について探ります。

おむつの定時交換の問題点

高齢者施設のなかには「排泄ケアはおむつの定時交換のみ」という施設も多いのではないでしょうか。これまでの排泄ケアは、「入居者本人が尿意や便意を訴えることができる」という前提で組み立てられていました。しかし現在、入居者の多くは、脳血管障害や認知症などで、自分の要望を言葉などでうまく表現することができません。

そのため、排泄パターンが人それぞれ異なっているにもかかわらず、一度おむつを装着してしまうと、なかなかおむつから抜け出すことができなくなります。たび重なる不適切なケアの結果、自分でもあきらめて要望を押し殺し、感覚が麻痺するケースも多いようです。

排泄パターンがわかっていれば、適切におむつを交換して清潔にすることもできますが、介護職員は目の前の仕事に追われて考える余裕もなく、定時交換から抜け出すことができなくなります。

定時交換の問題点は、入居者本人のリズムを無視して一斉交換することです。特に夜間の場合、その時間までに排泄がなく心地よく眠っていても、起こしてしまうことになります。その後しばらくは眠れなくなるため、動くことで転落事故が発生する原因となります。

便秘で下剤を服用している人は水様便となり、汚れれば寝具・シーツの交換もしなければなりません。そうしてようやく眠りについたころ、再び一斉交換が始まります。ただでさえ人手の少ない夜勤では、おむつ交換だけで一晩が終わってしまうことになります。安眠とはほど遠い世界の話です。入居者にとっても介護職員にとっても、実に悲惨な状況です。

信頼関係の形成

　排泄ケアは「人としての尊厳」にかかわるケアであり、ケアする人とケアされる人との信頼関係（ラ・ポール）の形成が重要です。対応を誤ると、入居者にとって恥ずかしく屈辱的なケアとなります。

　一般に用いられている排泄パターンは必要ですが、チェック表の数字だけを見てケアを行っていると行き詰まります。信頼関係の形成と排泄パターンによる数字の管理は車の両輪であり、どちらかが欠けてもうまくいきません。

　排泄ケアというと、身体的な問題だけと錯覚している人も多いようですが、人間には心理的な防衛本能があるので、時間をかけてその人を理解し、相手の心に飛び込むコミュニケーション能力が要求される問題でもあり、繊細さが必要とされます。排泄ケア、すなわち「下の世話」は、最も人の手を借りたくないケアであり、また、「人としての尊厳」の最後の砦であることから、普通の人ならば他人に任せることに大きな抵抗を抱くはずです。その人の最後の砦を守りつつ、ケアを行うようにしましょう。

　信頼関係の形成については、新人職員がすぐにベテランになるような便利なマニュアルは存在しません。コミュニケーションの問題なので、ある程度の訓練が必要です。特に認知症の人は、自分の嫌なことに敏感で心を閉ざしやすいため、対応する介護職員には高いコミュニケーション能力が求められます。ここですべてを書き尽くすことはできませんが、いくつかの技法を紹介しますので参考にしてください（表3-4）。

　ここで、誘い方、声のかけ方について、ある入居者（男性、要介護3。脳梗塞の後遺症あり）の事例を紹介しましょう。

　入居当初、家族はなるべく本人が取り替えられるようにと、特製の着脱しやすい改良したパンツを持参していました。本人はプライドの高い人で、介護職員に任せず自分で尿器を使用していました。

　しかし自分ではうまく使えず、漏れているようでした。介護職員が尿漏れに気づいて「ズボンを替えましょう」と呼びかけても、「いらんことせんでいい」「何も濡れてない」と、下の部分には触らせてくれませんでした。

　その結果、かなりの尿で下着や寝具が濡れていました。排泄パターンを観察しようとしてもなかなか見せてくれず、次第に部屋の

表3-4　排泄ケアのコミュニケーション心得

①プライバシーを守るため、声の大きさや言葉づかいなどに配慮する
何気なく大きな声で話していませんか？　おむつ交換が不要の場合、職員同士「ここはパス」「出てなかったからいいよ！」などと大声で話していませんか？　おむつ交換やトイレへの誘導が必要だったり、清掃が必要になっても、それを他人にわからないように、小さな声でさり気なく、本人だけにわかるように伝えてください。 　具体的には、おむつのことを職員だけでわかる「暗号」で呼ぶなど、入居者や家族にはわからないように配慮します。使用ずみおむつを、かわいらしい外見のビニール袋（トートバッグ）に包んで居室から運び出したり、籐のバスケットを使っている高齢者施設もあります。
②失敗をとがめない
特に「失禁」とは言わないでください。自分が、下の世話を他人に委ねないといけない立場だったらどう感じるかを考えてください。 「はい、おむつ交換！」＝× 「汚れているから取り替えましょう！」＝× 「あーあ、漏れちゃって……」＝× 「漏れてしまった」＝×
③信頼関係ができて本人が納得するのを待つ
人の心に土足で入り込まないでください。本人が「トイレに行こうかな」と思うようになるまで待ってください。職員の都合であせらないことです。人それぞれ性格が違うので、漏れていても他人に触らせたくない人が多いです。

尿臭がひどくなりました。介護職員はやむを得ず、リハビリテーションでいなくなったときなどにこっそりと掃除し、尿器の尿量から排泄パターンを推定しました。計算してみると、半分は下着や寝具に漏れていることがわかったのです。

　そこで、無理矢理おむつをつけていただくのではなく、「新しいタイプの下着、ニューパンツですよ」と言って、ふんどしタイプのおむつを勧めました。尿器を使いたいときは自分で使えるので、プライドは保たれたままです。尿漏れはおむつでキャッチするので、尿臭を解決することができました。

　その後、介護職員とも打ち解けて話すようになり、本人から「昔から鼻が悪くて、鼻が利かん」と聞き出すことができたのです。つまり、尿漏れにもかかわらず着替えを頑固に断っていたのは、自分では臭いがわからず、着替える理由がないためでした。

　信頼関係を得ることなく、無理におむつへの移行を試みたとしたら、さらに不幸な結末になっていたことでしょう。

別の例では、認知症が進んで24時間おむつをしている入居者がいました。なるべくリビングに来て座ってもらい、いつごろ排尿があるか調べ、それに基づいて誘導のタイミングを決めました。その結果、トイレで排尿する習慣がつきました。

　最初は言葉がほとんど出ない人でしたが、トイレの中で「ずっとおむつにしなさいと言われていたが、ここはトイレでしましょうと言ってくれた」と話してくれました。もともと感覚をもっており、トイレで排泄する機能もあったようですが、「あなたはおむつ」と言われてそのままでいると、やがてあきらめてしまい、機能が失われていたのです。

「今ある機能」を理解する

　入居者の今ある機能（排尿機能・ADL）を理解することは重要です。排泄ケアでは、今ある機能を観察し、ケアに必要な情報を判別することが重要となります。

　また、解剖学的な排尿のメカニズムの理解が必要です。排尿機能とは、無意識の状態で尿を膀胱に保持（蓄尿）し、尿意を覚えたときに自分の意志で尿を排出（排尿）する機能と定義されています。排泄ケアの現場でも重要となるのは、蓄尿機能と排尿機能です。

　蓄尿機能とは、まとまった量の尿（200ml程度）を膀胱に蓄える機能です。蓄尿機能の状態は、毎回の尿量を計量することでわかります。1回の尿量が少なく（例えば50ml程度）、頻回に排尿していたり尿漏れしている場合は、蓄尿機能が十分ではないと判断します。蓄尿機能があり座位がとれる場合は、トイレでの排尿を誘導できます。認知症が進行して確認が困難な場合は、本当は蓄尿機能が残っていても、介護職員が勘違いしておむつを使用しているケースが多くみられます。

　正常な排尿ができる場合はもちろんですが、尿漏れや尿失禁の人は尿を排出する機能があると判断できます。排尿機能がない場合は、尿カテーテルが必要になる可能性があります。

　ADLは日常生活に関する動作機能です。これまでの生活習慣を聞きとり、トイレに行くことができるか、衣類の着脱ができるか、トイレに座れるか、後始末ができるかなどを確認しましょう。

いつ、何を、どのように確認・観察するのか

入居者本人の抱える問題が原因で、排泄ケアがうまくいかないというのは意外と少なく、介護職員の確認と観察が不足していることが原因となっているのが多いものです。

自分でおむつを外して尿漏れを起こしてしまう入居者の場合、尿量と睡眠パターンを観察し、最適な許容量のおむつを選択し、交換のタイミングを調整するだけで改善されることもあります。また、尿のサインを頼りにトイレ誘導を行った結果、亡くなる直前まで這ってでも自分でトイレに行くようになった（おむつをつけなかった）入居者もいました。

入居直後2週間の観察は「単なる観察」ではなく、観察に基づいてすぐに対応を変え、その結果を観察するという作業の繰り返しです（フィードバック・ループ）。2週間たっぷり観察して記録をとるだけで終わってしまい、その後のケアに活用されていない高齢者施設も多いようです。観察結果をもとにどう対応するか、積極的に考えて行動しましょう（表3-5）。

また、観察結果を担当者だけが抱え込んで活用できていないケー

表3-5　排泄ケアの確認事項

◎入居前：本人や家族と面談して確認（下記）
- 排泄障害となる疾患・精神状態
- 服用している薬
- 生活習慣
  睡眠パターン、食事習慣（食物繊維は足りているか、食事は誰がつくって誰が提供していたかなど）、排泄状況（トイレかおむつか）、下着（パンツかふんどしか）

◎入居直後：入居後2週間程度で観察（下記）
- 活動と睡眠のパターン
- 食事の摂取量、形態（普通・ソフト・ムース・流動）、水分摂取量
- 排尿間隔＋排尿量（排尿機能）
  尿量が少ない場合：残尿（お腹が張ってないか、問診・触診＋超音波による残尿測定※）
- 排便間隔＋排便量＋便の太さ・硬さ・量（排便機能）

◎入居中：排泄のサインに注意（下記）
- 身体をムズムズさせる
- お尻を触る
- おむつや下着を外そうとする
- 失敗を恥ずかしく思い、何とかしようとしている

超音波による残尿測定…超音波測定器のセンサーを下腹部に当てると、膀胱内の蓄尿量が表示され、残尿量を数値で確認できる。

表3-6　24時間モニター

		日目（　/　）				日目（　/　）				日目（　/　）				日目（　/　）		
	時	水分量	排泄量	睡眠	時	水分量	排泄量	睡眠	時	水分量	排泄量	睡眠	時	水分量	排泄量	睡眠
	7		モレあり便小		7				7				7			×
	8		730	○	8	100	370 ㊚	○	8		340	○	8			×
	9			○	9				9			○	9	100	370	△
	10	50		○	10	100		○	10	100		○	10			○
	11			○	11			○	11			○	11			○
	12	50	0	○	12	50	✓	○	12	50		○	12	100		△
	13			×	13			○	13			○	13			△
	14			×	14			○	14			×	14			△
	15			○	15	200		○	15	㊛拒否			15			△
	16		200 ㊥	○	16			○	16			○	16		160	
覚醒具合	17	100		○	17		200 ㊥	○	17	㊛便秘		○	17	50		
はっきり覚醒　○	18			○	18			○	18	100		○	18			
半覚醒　△	19			×	19			×	19			×	19			
睡眠中　×	20			×	20			×	20			△	20			
	21				21				21				21			○
	22		0	×	22		000	×△	22		180	×	22		㊛小み	×
	23			×△	23			×	23			×	23			×
	0			×	0			×	0			×	0			×
	1			×	1			×	1			×	1			×
	2			×	2			×	2			×	2			×
	3			×	3			×	3			×	3			×
	4			×	4			×	4			×	4			×
	5			×	5			×	5			×	5			×
	6			×	6			×	6			×	6			×

スも多いようですが、情報を職員全員が見やすい状態にすること（共有化・可視化）も重要です。情報の共有化・可視化により、より質の高いケアを実現できます。そのためには、「24時間モニター」（表3-6）と同時に「日課表」を使用し、1日の時間単位の行動を全職員で見守ることで効果が上がります。なお24時間モニターは、排泄だけでなく、食事や睡眠について総合的・詳細に観察し、ケア全般に活用できます。

排泄管理チャートの活用

　排泄ケアの手順は、「排泄管理チャート」（図3-2）でおおよその流れが決まります。

　排泄ケアは、なるべくトイレで排泄してもらうことを基本に考えます（目標）。観察した排泄パターンなどから生活のリズムをつかみ、できるだけそれに合わせるようにしましょう。

　本来、排泄ケアは睡眠や食事など生活全般のトータルケアの一部

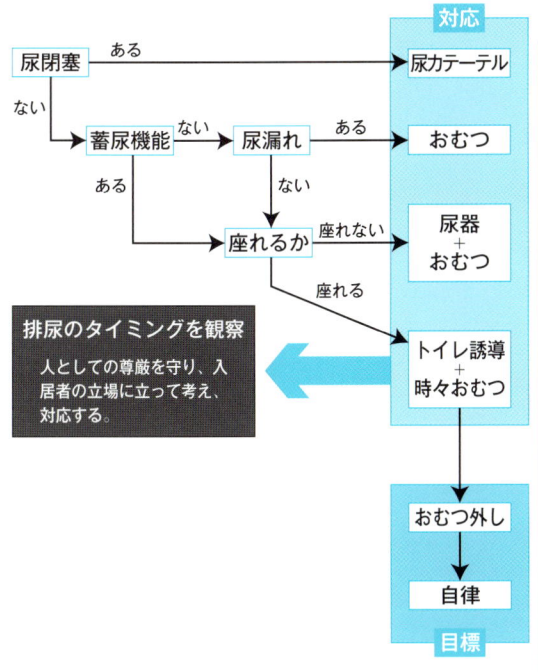

図3-2 排泄管理チャート

```
尿閉塞 ──ある──→ 尿カテーテル
  │
 ない
  ↓
蓄尿機能 ──ない──→ 尿漏れ ──ある──→ おむつ
  │                    │
 ある                  ない
  ↓                    ↓
                    座れるか ──座れない──→ 尿器＋おむつ
                      │
                     座れる
                      ↓
                   トイレ誘導＋時々おむつ
                      ↓
                   おむつ外し
                      ↓
                    自律
```

対応 / 目標

排尿のタイミングを観察
人としての尊厳を守り、入居者の立場に立って考え、対応する。

表3-7 トイレでの排泄に向けた工夫

用具を工夫するなど環境を整える
時間をかけて、安楽なポジションで座れるシーティングを検討します。股関節の可動域制限（力んで骨折の可能性があるなど）を確認します。特に座位のポジショニングは重要です。手すりや背もたれ、高さ、支持台、足置きなど、ちょっとした工夫で座ってトイレで排泄ができるようになることも多いので、あきらめず挑戦しましょう。

下着や寝衣を工夫し、着脱しやすくする
脱衣については、前開き寝衣をかぶり寝衣に替えてみましょう。個々に合ったおむつの種類を選択し、使用してください。濡れるとすぐにでも換えてほしい入居者には頻回に交換し、おむつ交換を嫌う人には、長時間吸収のおむつを使用して交換回数を減らすなど、個別に対応しましょう。

便秘の場合は食事の管理が重要
食物繊維や乳製品の摂取を促します。座位をとることで腹圧がかかり、自然に出やすくなります。水分もなるべく摂取するようにしましょう。

便の性状観察が大切
頻回な下痢がある場合、便の性状をよく観察してください。便が水様性だったり、便に血液や粘膜が混入している場合は病的な下痢の可能性が高いので、速やかに医療職と連携して対応しましょう。

であり、排泄ケアだけを切り離せるものではありません。局所的な視点にとらわれることなく、全体的な視点に立ってケアを組み立てる必要があります。また、排泄ケアはマニュアルを見ながら実践できる手法だけではなく、ある程度の経験を積んで体得しなければならない手法が多く求められます。

　短期的な視点で技法に飛びつくのではなく、状況に応じた長期的な対応を考えられるよう記しましたが、一気に取り組もうとするとうまくいかないでしょう。まず「できること」から、段階を追って少しずつ対処してください（表3-7）。絶え間なく少しずつ積み上げていくうちに、いつかケアの質が向上していることに気づくはずです。

> コラム

随時交換で表情が変わった！

　おむつの定時交換から随時交換への実際について、有吉病院（福岡県）での取り組みをもとに考えます。

　便はにおいがあり、本人の訴えがなくともすぐわかるので、最初は日中で介護職員が多い時間帯には、便のにおいがしたらすぐおむつ交換を行うようにしました。

　次に、排泄後のおむつの不快感を避けるため、なるべくポータブルトイレに座って排便を誘導するよう試みました。座位は腹圧がかかるため、自然に排便しやすいと考えたからです。

　ねらった時間に排便を誘導するためには、排泄パターンを観察しなければなりません。観察結果に基づき、下剤使用者の場合、下剤が効くまでの時間から服用時間を逆算し、日中で日勤・夜勤が重なり人手が多くなり、かつ食事後で腸が動き出す時間にトイレに座ってもらうようにしました。後始末は出がらしのお茶で洗浄してティッシュで拭くだけとし、効率的になりました。

　最初はできない・無理だと思っていましたが、継続しているうちに10年間も寝たきりのパーキンソン病の入居者が、トイレで座って排泄できるようになりました。他の入居者にも、ある程度排泄パターンを見ながら「この時間にもう一回座ってもらったらどうか」などと考える余裕も生まれました。トイレで排泄するようになると、入居者の表情も非常によくなり、職員の士気も上がってきました。

　その後、入居者の立場に立って排泄ケアを考えるため、希望する介護職員が自分自身でおむつをつけてみたことがありました。滅多にできることでもありませんので、排泄ケアを考える参考にしていただくため、当時の介護職員の感想を紹介します。

・どうしてもおむつの中で排尿できなかった。おむつの中にしたくてしている人はいないと思う。どうしようもなく屈辱的なはずだ。
・あらためて、着けなければならない人の気持ちがわかった。寝たまますということには抵抗があった。

3 「寝る」（睡眠）を保障する

「食べる」「出す」を保障した後は「寝る」こと、すなわち睡眠を保障することが大切です。
ぐっすり眠った後の朝の爽快感は格別です。
「高齢者は早寝早起き」という思い込みから、すべての入居者を早く寝かせ、
朝は一斉に起こしていては、暮らしの連続性は保障されません。
そこで、個別ケアにおける睡眠の位置づけと、あるべき睡眠ケアについて考えてみましょう。

睡眠の効果

人は眠ることで、身体的にも精神的にもリラックスできます。高齢者は活動量が少ないことからあまり疲れないと思いがちですが、起きているだけでもエネルギーは必要とされ、疲れを感じます。例えば入浴で、入居者は体力を使い果たして疲れていることがありませんか？ そのときには少し昼寝をすることで、再び元気に活動することもあります。

また、生活のなかで他者に気をつかうことなどから何らかのストレスを感じ、疲れることもあるでしょう。そこで、眠ることで気持ちをリラックスさせ、ストレスの解消にもつながります。例えば、重度の認知症であっても、目覚めのときはすごく落ち着いて会話がしっかりできることがあります。それは、精神的にリラックスしていることも大きな要因です。

介護職員であっても、睡眠不足のときは倦怠感を感じたり、ストレスで苛立ちを感じることがあるでしょう。それらを解消するためには、しっかり眠ることができる環境やケアを提供し、目覚めのよい朝につなげることが必要です。

お年寄りは全員「早寝早起き」?

よく「お年寄りは早寝早起き」といわれますが、果たしてそれは、すべてのお年寄りに当てはまることでしょうか。もしかすると、介護職員の思い込みだったり、業務優先になるなかで入居者の生活を勝手に「早寝早起き」にしていたのではないでしょうか。

施設入居者は、朝食の時間になるとそれに合わせて起こされ、夕食が終わると就寝する生活パターンになっていることが多いでしょう。就寝が19、20時頃であるために、夜中の2、3時に起きてしまうことがありませんか。お年寄りだからといって長く眠るわけではなく、早く就寝させられて夜中に起きてしまうのは、すでに十分な睡眠時間をとっているからなのです。

　19時に就寝して3時に起きれば、8時間は寝ていることになります。それを「夜中に起きるから夜間不眠だ」と決めつけてしまいがちですが、普通に考えれば、8時間寝ていたら夜間良眠でしょう。

　そして、夜間不眠だと判断された入居者は睡眠薬を処方され、10時間以上の睡眠をとることになります。薬が効かなくなると、薬の種類を変えたり量を増やしたりと、薬がないと眠れない身体をつくってしまうのです。

　別に薬をすべて否定しているわけではありません。入居者のなかには、長年睡眠薬を服用する習慣があったり、睡眠薬を服用することで心地よい眠りにつける人もいます。しかし、薬ばかりに頼らず、薬を減らしていく方法を考えることも大切ではないでしょうか。

パターン化されやすい施設での睡眠

　入居者のなかには認知症の人もたくさんいて、夜間せん妄や昼夜逆転・夜間徘徊などの行動がみられる人もいます。認知症の人は夜であることを認識できない場合も多く、眠るという判断が自分ではできません。また、昼夜逆転になるのは、日中にすることがなく無気力な状態になり、眠るしかないとも考えられます。

　高齢者施設の生活はパターン化しやすく、食事・排泄・離床・臥床・週2回の入浴の繰り返しで毎日が過ぎていませんか。介助の量は入居者によって違いがありますが、1日の生活の流れはほぼ同じになっています。私たちの生活に置き換えてみたら理解しやすいですが、毎日同じ時間にご飯を食べてトイレに行き、お風呂に入り、寝ていますか？　きっと、日によっても人によっても違うはずです。24時間365日、同じ生活パターンで暮らすことは苦痛であり、当たり前の暮らしではないはずです。

　もし、私たちが同じ生活パターンで暮らすことになったら、話すこともなくなり、ボーっと無気力な人間になってしまい、一日中ウトウトしている状態で、夜間しっかり眠れなくなるのではないで

写真3-7　夜遅くまでテレビを観ている入居者

しょうか。だからこそ入居者に対しては、就寝を促すためのサポートが必要です。

認知症の人でも、眠れないさまざまな原因が考えられ、それぞれの原因に合ったサポートをしていくことが大切です。

もちろん、睡眠は夜間だけ考えればよいのではありません。1日の生活を通して、どの場面でどのようなサポートをすることで心地よい眠りにつながるのかを考えていく必要があります。眠るという行為は、1日の生活を快適に暮らすためにもとても大切なことなのです。

一人ひとりに合った睡眠時間とは？

まず、お年寄りは本当に「早寝早起き」なのかを考えてみましょう。自分のおじいちゃんやおばあちゃんを考えてみると、毎日19時や20時に寝ていますか？　違いますよね。観たいテレビがあったり、孫が来たりすると、22時ぐらいまで起きていたり、逆に疲れているときは早めに寝ていると思います（写真3-7）。

施設で暮らすことになったからといって、早寝早起きになるのはおかしくありませんか。もちろん、生活習慣として早寝早起きの人もいますが、全員ではないはずです。「では何時に寝ればいいのか」になりますが、人それぞれ違っていいはずです。

開設当初の高齢者施設では、夕食がすんだら、歯磨きをして寝巻に着替え、布団に入るというパターンができてしまっていることが多いのではないでしょうか。そのため、ユニットのリビングも20時頃には電気を消され、全員が寝ていることも多いでしょう。長年集団ケアをしていた介護職員も多く、「施設入居者の生活はこういうものだ」と決めつけているのです。

そのため、朝食の時間に合わせて逆算して、離床などのモーニングケアを行うことになります。これでは眠りが浅かったり、夜中に目を覚まして起きてくる入居者が多く、朝の目覚めも悪いのではないでしょうか。

果たして、これが本当に個別ケアなのでしょうか。ユニットケアができるようにハードはつくられていますが、ソフトが少人数になっただけで、生活自体は集団ケアと同じことをしているのです。

自分にとっての睡眠を考える

それでは、入居者一人ひとりに良質の睡眠を提供するためにはどうすればよいのでしょうか。次の事柄を考えてみましょう。
❶自分はどのような環境や服装、雰囲気の中で寝ているか
❷毎日同じ時間に寝たいか
❸早く寝ることはよいことか

仕事をしていれば、早出の前日はいつもより早めに寝たり、次の日が休みならば眠たくなったら寝たり、子どもがいるのならば子どもの時間帯に合わせて寝たり、お酒を飲みに行くと寝るのが夜中になったりと、日や人によってバラバラであることがわかるでしょう。もちろん、仕事がなかったら、好きな時間に寝て好きな時間に起きると思います。

眠たくないのに布団に入ってもなかなか眠れないことは、皆さんも経験があるでしょう。何らかの理由があって早く寝ることはあるかもしれませんが（他人との約束や仕事で早起きしなければならないなど）、お年寄りは早寝早起きであるという考えや、施設の生活だからといって早く寝るのは、当たり前の暮らしではないはずです。

皆が同じ時間に寝たくなることはありません。もし自分が同じ時間に寝かされたら、苦痛で仕方ないと思います。自分で起きてこられる人はよいですが、施設入居者の多くは介護が必要なため、自分の意思に反して布団に入らされているのではないでしょうか。

また、早く寝ても夜中に目覚めてしまい、再び朝方に寝て、7時ぐらいに起こされたとしたら、倦怠感が出たり、日中に眠たくなったりします。これでは早く寝ても意味がありません。それよりも、夜間ぐっすり寝て、目覚めよく起きることが大切です。

一人ひとりの睡眠を保障する

きちんとした生活リズム

施設入居者は仕事をしているわけではないので、無理に早起きす

る必要はないはずです。朝一番から通院や家族との外出があるときは早く起きることもありますが、毎日ではありません。

　ですからまずは、就寝が入居者全員同じ時間になっていることについて、職員同士で自分ならば毎日同じ時間に寝ているのかを考えてもらい、話し合いましょう。

　おそらく全員が「毎日違う時間に寝ている」と答えるでしょう。では、なぜ高齢者施設の入居者は、ほぼ毎日同じ時間に早く寝ているのかを考えると、夕食後、歯磨きをして寝巻に着替えたら、後は「何をすればよいのかがわからない」という意見があるのではないでしょうか。

　そこで「自分ならどうしているのか」といえば、「テレビを観ている」「本を読んでいる」「ゲームや電話など、自分の好きなことをしながらくつろいでいる」はずです。それでは、入居者にどう過ごしてもらえばよいのでしょうか？　好きなことをしてもらうのもよいけれど、職員もほぼ毎日テレビを観てボーっとしていることでくつろげるのだから、「くつろぐことができればよい」のではありませんか？　そう考えて実践してみると、寝巻に着替えてからすぐに就寝するのではなく、リビングや自分の部屋でテレビを観る入居者が増えていきます。

　なかには「施設で暮らしている入居者だから、きちんと生活リズムをつけないといけない」「夜遅くなったら朝起きられず、昼夜逆転になる」という意見もあるでしょう。それでは「きちんとした生活リズム」とは何でしょうか？

　職員が思い込んでいるお年寄り像は「早寝早起き」であるため、21時までには就寝・消灯して7時には起床するという勝手な生活リズムを、職員がつくっているだけではありませんか。生活リズムとは、自分自身の生活に合わせてつくっていくものであり、一人ひとり違った生活リズムがあるはずです。それは、習慣や身体面・精神面によっても異なります。もちろん規則正しい生活は大切ですが、一人ひとりに合った生活を送ることができれば、それがその人にとっての規則正しい生活になるのです。

夜が遅いと朝も遅い？

　「夜が遅くなったら朝起きられない」という意見に対しては、実際に行ってみて、現実にそういう現象が起こるのかを確認します。

実際に行ってみると、その入居者が何時ぐらいに寝たくなるのか、きっちりと時間を見て寝る入居者や、好きなテレビがある日とない日では寝る時間が違う入居者など、一人ひとりの生活パターンが見えてきます。21時以降に寝る入居者も増えていき、朝も極端に起床時間が遅くなることはありません。ほとんどの入居者が朝10時までには起きてくることでしょう。

　このように、夜寝るのが遅くなっても、朝起きられずに昼まで寝ているということはなく、また、たまには寝坊する日があってもいいのではないでしょうか。

　自分の意思を訴えられない入居者については、今までの生活を家族に聞いたり表情を見たりすることで、あるいは日中の生活がどうだったのか、昨日は何時頃寝たのか、今日は何時頃起きたのかなど、さまざまな面から情報を得ることで、その入居者が何時頃寝ることが多いのかがみえてきます。

　例えばある入居者は、自分の意思を訴えることができず、介護職員の「そろそろ寝たほうがいいのかな」という判断で寝ています。しかし、本人は眠たくないのか、自分では起き上がれないので、布団の中で目を開けてもぞもぞ動き、おむつを外したりすることが多かったのです。そのため介護職員は、眠そうになったら就寝してもらうことにしました。つまり、ソファで座りながら居眠りを始めたら、布団に入ってもらうことにしたのです。

　すると、眠くなったタイミングですっと自然に眠ることができるようになり、朝までぐっすり眠るようになりました。その結果、おむつを外すこともなくなったのです。現在この利用者は、24時までに就寝し、朝は8時頃起きます。それは普通の睡眠時間であり、昼夜逆転にはなっていません。

　認知症の入居者でも、眠いか眠たくないかを聞くと、しっかり答えることができる人は少なくないはずです。ですから、どんな場面においても、入居者が選択できる声かけを心がけましょう。そうすることで、入居者が自分で考えようとしたり、自分の意思を伝えようとする能力が引き出せるのです。

　「寝ましょうか」だけではなく「23時なので、そろそろ寝ましょうか」と声をかけると「もうそんな時間か。寝なあかんな」という答えが返ってきます。時間を伝えることで、もう夜だという認識がもてることもあります。

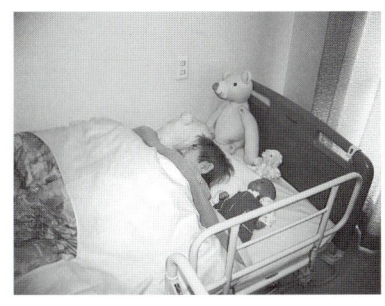

写真3-8 人形を抱いて眠ると安心します　写真3-9 好きなテレビを観る入居者

　もちろん、全員が夜遅くまで起きているわけではなく、20時頃寝る人もいます。日にもよりますが、特別養護老人ホーム「花友にしこうじ」では、22時ぐらいまでに就寝する入居者が8割程度で、24時ぐらいまでが2割程度です。「入居者が眠そうにないから」と、深夜2時や3時まで起こしておくことはありません。

　24時には一度布団に入り、睡眠を促すケアが大切です。もちろんそれで眠れない入居者もいますが、多くは眠りにつきます。眠れない入居者は、一緒に過ごしたり、温かい飲み物を飲んだ後に再び布団に入り、眠りを誘いましょう。

　就寝が遅い入居者は、テレビを観るのが好きだったり、昔から遅く寝ていた習慣をもつ人が多いです（写真3-9）。好きな時間に眠ることが大切であり、イコールぐっすり眠れるケアなのです。

特別養護老人ホーム「花友にしこうじ」…京都府京都市にある全室個室ユニットの特別養護老人ホーム。定員70名。

快適な睡眠の要素

日中の適切な活動

　夜間ぐっすり眠るためには、日中の活動も大切な要素です。日中にまったくすることがなければ、居眠りをしてしまい、夜間ぐっすり眠れなくなります。

　自分の趣味がある入居者やリハビリテーションが好きな入居者は、日中好きなことをしながら過ごせますが、そうでない入居者はどうすればよいのでしょうか。好きなサークル活動に参加したり、ユニットや施設での行事に参加する日はよいですが、それは毎日ではありません。

　入居者によって、適切な活動量は異なります。少しの活動で疲労感を感じる入居者もいれば、毎日リハビリテーションをして活動で

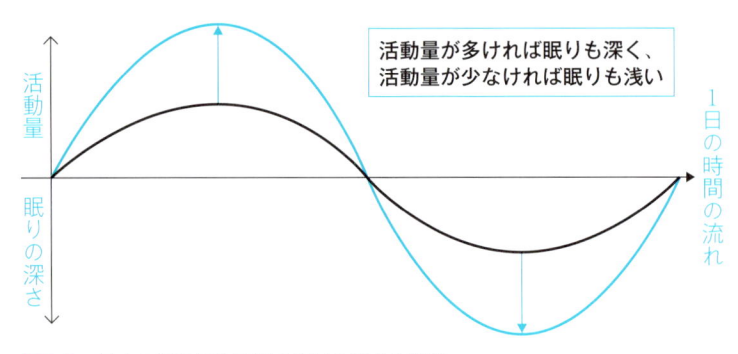

図3-3 日中の活動量と夜間の眠りの深さの関係

きる体力のある入居者もいます。ですから、その人に合わせて適切に活動することで、適度に疲れて睡眠を促すことができるのです。

適切な活動を難しく考える必要はありません。そのために体操をしたり、サークルや行事を増やそうとするのではなく、日々の生活のなかでその入居者ができることを見つけ、活動（運動）すればよいのです。暮らしのなかの動作の一部分を使うことがリハビリテーションとなる「生活リハビリ」を充実させることで、活動量（運動量）も増えるでしょう（図3-3）。

例えば、ベッドからトイレ、部屋からリビング、いすからソファまで歩いたり、車いすで足を使って自走したり、トイレでの立ち上がりなど、いろいろとできることはあります。車いすからいすに座り替えることで足を踏ん張り、座位を保持することでも適切な運動になります。

食事も、おにぎりにしたり、自助具を使うなど、たとえ時間がかかっても少しでも自分で食べることで適切な運動になります。そういう機会が1日に何度もあるはずです。寝たきりの入居者であっても、少しの時間をリクライニング式車いすで離床したり、身体の向きを変えることで運動になっているのです。

もちろん、声を出して話をすることも運動になります。入居者に合わせて、ケアプランや生活リハビリにつなげていきましょう。適切な活動量が快適な睡眠につながります。

夜間の入浴

快適な睡眠のためには、夜間入浴も大切な要素です。入浴後に疲れて寝てしまう入居者は多くありませんか？ 高齢の入居者にとって、入浴は活動量（運動量）が多く、疲労感も大きいものです。夜

間に入浴することで身体も温まり、適度な疲労感で睡眠につながります。

　当然全員に当てはまるわけではなく、希望しない入居者もいるでしょう。しかし、夜間の安眠のために夜間入浴を行っている入居者は、入浴後に熟睡することが多いのも事実です。

睡眠薬の是非

　次に検討したいのが薬です。必要以上に精神科の薬や睡眠薬を服用している入居者はいませんか。入居者の生活・状態は日々変わっているのに、薬を見直していないことが多いはずです。

　例えばある入居者は、認知症のために精神科の病院に入院した後、特別養護老人ホームに入所しました。

　病院からは、夜間不眠や徘徊、木の葉を食べるなどの行動症状があったとの情報がありました。そのためか、本人は精神科の薬を10種類以上服用していたのです。

　入居後2週間ほど経った後、主治医や看護師と相談し、精神科の薬をほとんど中止して様子をみることにしました。その結果、食欲が出てきて食事量が増え、表情が豊かになり笑顔も増えました。加えて、話すことが増え、会話ができるようになったのです。

　夜間の不眠に関しても、自分でできることが増えて洗濯物をたたんだり、食事の盛りつけをしたりと活動量が増え、加えて夜間入浴をしたことで、快適な睡眠につながりました。

　この入居者にとっての薬は、行動に対して制限するものであり、人としての暮らしを奪っていたのです。徘徊に関しても、家族に尋ねると、以前は毎日10km歩くことが習慣だったため、徘徊ではなく、ちゃんと理由があって歩いていたことがわかりました。このように、行動・心理症状には必ず何らかの原因があります。ですから夜間不眠の入居者についても、原因を追究し、原因に合わせたケアを提供しましょう。

介護職員のかかわりで睡眠を促す

　薬の服用がすべて間違っているわけではありませんが、内容や効用をしっかり理解し、飲ませ放しにしないようにすべきです。

　ある精神科の医師は「睡眠導入剤は、眠たくなったときに服用す

ることで、夜間ぐっすりと眠れる」と言います。ですから、毎日同じ時間に服用しないほうが賢明です。夕食後ソファでテレビを観て過ごし、眠くなると左に傾くサインのある入居者は、そのタイミングで薬を服用し、ベッドでは左側臥位で寝ると、ぐっすり眠れるようになったという例もあります。

　薬が必要なときもありますが、介護の専門職として、かかわりのなかで考えられることを見つけ出すことが大切です。ある入居者は、身体に包むようにして布団をかけるとよく眠れたり、またある入居者は、トイレのあと布団まで歩くことで、疲れてよく眠れたりします。

　寝ることは、身体を休めたり明日へのエネルギーを蓄えたりするために重要な行為の一つです。人それぞれ、就寝時間や睡眠時間、寝る方法は異なります。快適な睡眠のために、何がその入居者にとって必要かをしっかりと考えていくことが大切です。

　無理に寝かせても、起きてしまうのは当たり前です。眠たくなったら人は寝ます。眠たいときに寝て、目が覚めたら起きる――そんな気持ちよい睡眠と目覚めができるように、一人ひとりの暮らしを提供していきましょう。

4

「暮らしのひろがり」を保障する

自分が施設に入居したら、どういった不安があるでしょうか。集団生活のもつ特性により、
自由な行動や暮らしが難しい、これまでと同じような人間関係が継続できない、家族と離れること等、
さまざまな不安があるのではないでしょうか。
「食べる」「出す」「寝る」を保障するには、単なる生理的な欲求を充足するだけでなく、
暮らしを豊かにすることです。
ここではさらに、楽しく充実した時間を過ごし、家族や地域の隣人と過ごすといった、
人が生きていくうえでのより高次の欲求を保障することを考えます。

暮らしのなかの彩り

レクリエーション

　まずは、レクリエーションの語源をひもといてみます。creation に接頭語の re がついたもの、つまり（人間性の）「再生」「再創造」を意味します。一般的には、さまざまな活動による疲労を精神的、肉体的に回復させる活動という意味で使われています。根本的な意味と一般的に使われる意味を合わせて考えてみると、レクリエーションは広範囲なものであり、種類もさまざまで、定型化されたものではありません。また、その参加も強制的なものではなく、個人の希望や好みに応じて主体的に行うものです。

　高齢者施設でのレクリエーションのあり方を考えると、希望や好みに応じて、自由な時間を大切にすることが重要です。以下では趣味活動、行事、外出といった具体的な場面に応じたレクリエーションの運営について探ります。

趣味活動（個人・クラブ活動）のポイント

● 自由な選択

　皆さんは日頃、自分が趣味活動（ここでは習いごととしましょう）を行うときにはどのようなことを大切にしていますか。学習塾でもない限り、誰かから強制されたり、好みではないものを行うことはありません。高齢者施設におけるクラブ活動や趣味活動でも同様です。既存の活動があるから参加するものではなく、自らの選択により参加を決めることが大前提となります。

●本物志向

　趣味活動に興じる時間は、日常生活のなかでは特別な時間の一つです。自分が習いごとに行く時と重ねて考えてみましょう。素人の施設職員がもち回りで指導の担当をしても、満足を得られるものではありません。一定の費用を出したり、ボランティアで技術のある人を募るなど、その活動に応じた専門の指導者に指導してもらう段取りが必要です。

●「学ぶ」という視点

　前述の「本物志向」と関連させて考えておきたいのが、学ぶことや上達することを通して、自己成長や自己実現といった高次の欲求にもつながるという視点です。高齢になってもさらに成長し上達でき、成果を発揮できるようなことを考えていきたいものです。

●活動場所

　いつもと異なる時間を過ごすことで、生活のメリハリやアクセントとなります。場所についても同様です。生活の延長としてユニットのなかで行うことも一つの方法ですが、特別な時間を過ごすためには、パブリックスペースやセミパブリックスペースといった、いつもと違う環境、あえてかしこまっているような環境に場所を設定することを、効果的な方法として提案します。

　活動時に、ユニットの外へ、いつもよりも少し良い服を着て、化粧をして出かける――そんなことも大事にしたいものです。

●個別のニーズに即した活動メニュー

　以上のことを関連づけ、高齢者施設でのクラブ活動や趣味活動を考えると、お仕着せの活動で、提供する側が一方的に考えればよいものではないことが明白になります。

　以前に経験した象徴的な例をあげます。

　入居者のAさんは趣味が大正琴だったという情報がありました。大正琴のクラブがすでにあったので、Aさんを誘い、活動に参加してもらいました。

　それなりに活動している様子でしたが、活動後、なんとなく浮かない顔なので少し話を聞いてみると、「流派が違う」とのことでした。「流派」といったこだわりは想定外でした。また、大勢で行うこと

はあまり好まないとのことでした。

そこで、ボランティアを当たり、同じ流派の人を探して、個別の活動として始めてみました。すると、月に数回の活動ですが、その時間を楽しみにして、ユニットでは個人練習する時間をもつようになりました。さらに、ユニットでの新年会では、「お恥ずかしい」と照れながらも、大正琴を披露しました。まさに、Aさんにとっては大切な時間となり、自らの暮らしを豊かにするものとなったのです。

すべての場合で施設側が十分な内容の活動を提供するのは難しいことです。施設で提供できなければ、家族や地域の社会資源を活用して、個人のニーズを深く探り、それに応える努力をしましょう。

行事

昨今のユニット型施設では、施設全体で行うような大きな行事が少なくなる傾向にあります。このことは、大きな行事の否定ではありません。ユニットごとや個別のニーズに応じて活動を考え、実施してきた結果ともいえます。一方では、同じ屋根の下に暮らす者として、施設全体で一堂に会し、地域との交流の機会をもつことにも意味があります。

そこで考えておきたいのは、クラブや趣味活動等と同様に、行事も一律かつお仕着せにならない配慮です。全体で行うものであっても、参加の選択はできるものであり、強制されるものではありません。また、さまざまな形で行われているものでも、何のために行うものなのか、その意義を考え、内容や規模も工夫してみましょう。

新年会のあり方を見直した例をあげます。

以前は、元日の午前10時過ぎには大きなホールに一堂に会して、新年のあいさつや余興といった式典を行い、その後、ユニットにてお祝いのお膳を囲む形で行っていました。そこで生じていた課題をみると、入居者の虚弱化、重度化が進むなか、10時過ぎに式典を行うには、早くから移動を開始する必要がありました。式典が終了した後は食事となりますが、待ち時間もあり、すでに疲れてしまい食事が進みにくい入居者がいる実状でした。

そこで、元日はユニットの身近な人たちでお祝いのお膳を囲み、新年を祝うことを主に考え、施設全員で顔を合わせる機会は別に行いました。すると、正月の朝は式典がないためゆっくりと過ごし、化粧や着替えもゆっくりと行い、祝いの食事も和やかに楽しめまし

た。また、新年の集まりとして皆で会する時も、無理なく楽しめる、といった結果となりました。

意義と内容、規模を工夫する。そんな視点で行事を考えることが大切です。

外出支援

● 公平性と個別性

外出を支援することを考える前に、公平性について考えたいと思います。ユニットの職員配置に余裕があり、ユニットの入居者で「天気が良いので花見に」行くことを企画したとします。

車の都合もあり、行ける人には制限があります。毎回参加のAさんと、外出を好まず今回も乗り気ではないBさんのどちらかしか、車に乗れません。職員としては、たまにはBさんを、という思いも強くあります。しかし、Bさんは遠慮しています。皆さんであれば、どちらに外出していただきますか。

まず、Bさんの外出を阻害する要因を考えてみましょう。

「外に出るとトイレが気になる」「誰かと一緒だと気を使う」「花見は好まない。食べることならば…」「体調が…」と、さまざまな要因が考えられるのではないでしょうか。

一概に「外出を好まない」と決めてしまうことは、生活の範囲を制限してしまうことにつながりかねません。先入観で考えるのではなく、言動・行動の奥に潜むニーズを探っていくこと（言動に対してのアセスメント）が重要です。そのうえで、「行きたくない」「原因が解消できない」ということであれば、Aさんをお誘いするということになるかと思います。

その際に大事にしたいことは、ニーズに応じた個別の対応です。外出については、機会は均等でなく「不公平では？」ということになるかもしれませんが、別の機会にBさんのニーズに合ったことを考えればよいのです。

● 外出の仕組みづくりとリスクマネジメント

前述の「天気が良いので花見に」ですが、そのときの状況に合わせて、すぐに対応できるような仕組みが必要です。勤務している介護職員の人数はそのときではどうにもなりませんが、それ以上に、施設のなかでの手続きが障害になっていることも少なくありません。

起案書を書き、数名の上司の決済をとってから動き出すのでは、その時々の状況に応じた対応は難しくなります。

ですから、ユニットや個人単位での外出等が簡単にできるようなルールと決済方法を施設内で検討して定めておくと、外出も簡単になります。

一方で、要介護の高齢者とともに施設の外に出ると、体調の変化や危険も少なくありません。また、車の使用となると事故の危険もあります。何か生じたときの連絡方法や責任の所在、緊急時のサポート体制等も含めた仕組みやルールがないと、ユニットの介護職員としては安心して外に出ることはできません。

また、費用の負担についても、個人・施設・職員でどうするのか、負担方法を定めておくようなルール化が重要です。

● 個別のニーズに応じたほうが容易になることも

個別のニーズに応じることについて、外出活動で一番大規模となる「宿泊旅行」を例に考えてみましょう。

大人数で大型バスでの旅行となると、内容は皆が楽しめるものが主体となり、一人ひとりの希望に応じることは困難です。また、サービスエリアでのトイレ一つをとっても大変なことです。一方で、個人の旅行支援といったものであれば、その人のペースや希望に応じることは容易です。一緒に旅行することをあきらめていた家族も同行は容易です。

これはあくまで一つの例であり、大規模な活動の否定ではありませんが、個人に合わせていくことで実現が容易になる活動も多いことをおさえておきましょう。

社会とのつながりの継続

地域のなかであれば普通にある家族や近所の人とのかかわりは、高齢者施設で暮らすようになると、どうなるのでしょう。地域にとって高齢者施設が存在することの意味も踏まえて、入居前には普通にあった社会とのつながりを継続していくための考え方、方法を考えましょう。

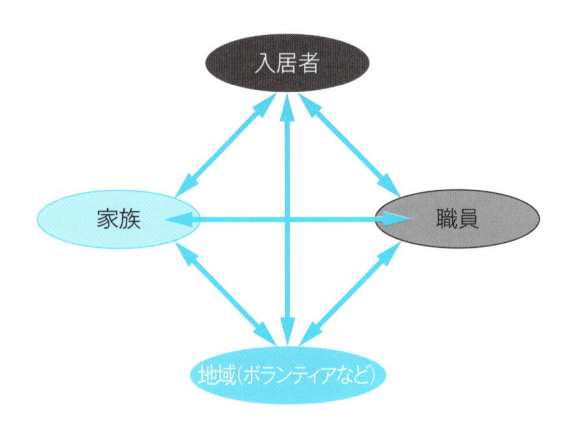

図3-4　家族・地域との相関性（包括ケアの四角形・ダイヤモンド）

地域・家族との相関性

　高齢者施設はサービスを通して入居者を支えます。しかし、サービスを提供しながらも、職員が入居者の変化や笑顔に支えられることもあります。

　家族は高齢者施設とともに入居者を支え、また高齢者施設を支える存在ですが、さまざまな困難を抱えてきた場合も多く、入居者と同様に高齢者施設が支えるべき存在でもあります。そこには三方向から相互に支え合う構図が展開されます（図3-4）。

　また、現在、高齢者施設が地域社会に拓かれていくことについて、実際に機能しているとは言いがたいところも多いかと思います。しかし、核家族化や地域社会の関係性の希薄化等、社会の構造が変化していくなかで、高齢者施設が地域社会の核として存在することの重要性は高まっています。

　サービスの展開、あるいはボランティアの拠点や地域行事の拠点となることなどを通して、地域を支え、また支えられる関係を構築していく。そのような双方向の関係を築き、さらに、前述の三方向の関係性と合わせて四方向の相互関連性を意識すると、入居者の暮らしは社会との関係性を継続できるものとなります。

家族とのかかわり

家族との関係を継続するために

　自宅から高齢者施設に入居したら、家族といる時間が大幅に減ってしまう——物理的には当然かもしれませんが、接する時間が少なくなる原因はそれだけでしょうか。施設に自分の親が入居したこと

への負い目や施設への気兼ねなどさまざまなものがあって、家族の足が遠のく結果になっているのかもしれません。それでは高齢者施設への入居は、家族との距離を拡げてしまいます。

　まず、高齢者施設に入居することの考え方として「自分の親の家が施設になっただけなんだ」ということを施設の職員が明言し、家族とのコミュニケーションの機会を密にもつことが必要です。そのうえで、面会・訪問しやすい環境、滞在しやすい環境をつくります。そのための強みとして個室もあります。家族が来たときにくつろげることも意識した部屋づくりを一緒に進めてみてはどうでしょうか。やることがないから長く滞在できないということもあります。介護教室を開き、食事の介助ができるようになるだけでも、家族の滞在時間は長くなります。

　また、施設からの働きかけがうまくいかない、一方的な要望やクレームが多く対応に苦慮するといったこともあるかもしれません。そのような場合、要介護高齢者を抱えてがんばってきた結果のダメージが原因のこともあります。家族自体も支援の対象となりうることを踏まえ、じっくりと接することが必要です。

家族との連絡のあり方

　家族は、入居者を一緒に支える存在であり、高齢者施設がサポートする対象であるとともに、直接、希望や要望を言うことが難しくなっている入居者の代弁者でもあり、顧客でもあります。当然、連携・連絡の対象となりますが、誰が窓口となって連絡体制を構築するのが適切でしょうか。

　今までは生活相談員が窓口となっていることもあったと思いますが、伝える情報、用件に応じて担当する職員を明確に体系化しておくと、円滑に連絡できます。具体的には次のようにまとめることができます。

・日常の様子やケアのこと：ユニットリーダーや介護職員
・制度や手続きのこと：相談員（制度等に精通した者）
・健康状態：看護師等
・施設サービス計画に関する調整：介護支援専門員（ケアマネジャー）

　このように明確化し、家族とも共有しておくと、家族も内容に応じて適切な対応が可能な相手にアクセスできます。

　機会が多くなる日常的な状況の共有に関しては、ユニットリー

写真3-10 家族会の勉強会
家族会ともに、看取りに関する勉強会を行った時の光景です。入居している自分の家族のためだけではなく、誰もが避けて通ることができない最期について、家族のため、自分のために学ぶ機会をもちました。職員、家族等が同じテーブルを囲み、最初に行った基調講演をもとに話し合いをもちました

表3-8 家族会設立のプロセス

◎構想
①家族とのコミュニケーションを密に ②家族会のイメージを構築する ③核になりそうな家族を探し、関係を強化 ④施設主催の懇談会や介護教室といった仕かけ
◎準備・発足
①核になる家族と会合（準備委員会）をもつ ②家族会の枠組みづくり：会則・会費・活動予定・役員・発足式の準備・広報 ③発足式
◎活動内容の例
①入居者を支援するもの：家族会でのお楽しみ活動（行事や喫茶等）・誕生日にお祝いのプレゼント ②施設を支援するもの：大掃除への参加・行事の補助 ③会員相互の支援：勉強会・介護教室・家族懇談会・新入居者の家族を対象とした懇談会等への参加

ダー等の責任は大きくなりますが、情報量の多いユニット職員とのコミュニケーションは、家族と施設の信頼感の構築につながります。

家族会

　家族会という形で施設と家族のネットワークを深めている高齢者施設も多くあります。ここでは、家族会は高齢者施設と入居者を支えるサポーターとしてイメージしてください。

　また、家族会がきっかけとなり高齢者施設に訪問する機会が増えることも効果の一つです。家族会には、施設側の仕かけにより活動が展開されるもの、家族が主体となり活動が展開されるものに大別されます。施設側が主体となり設立に至るプロセスは、表3-8の手順となります。

サポートの例では、新しい入居者の家族を対象とした懇談会等に先輩家族が参加するといったものがあり、懇談会を通して、施設との接し方を伝えていく機会をもつことなども効果的です。

　また、勉強会や介護教室等では、地域の方も参加できるような形式をとれば、さらに活動は広がります。

　施設主体、家族主体いずれの場合でも考慮しておきたいのは、事務作業等の負担です。膨大な事務作業の負担やそのイメージが、家族の参加を阻害する要因とならないように、施設側との分担を明確にしておくことが必要です。

　どちらが主体で家族会の設立に至ったのかよりも重要なことは、家族と施設のパートナーシップです。施設は家族の支えなしには、入居者にとって質の高い、これまでの暮らしの延長での生活支援は難しくなります。家族にとっても施設という専門機関を使うことで、自分や自分の家族の生活が成り立ちます。このように、ともに支え合うというスタンスをもてる、支えられているという気持ちを互いに意識できるような関係づくりが重要です。

ボランティア・地域とのかかわり

ボランティア活動の意義と効果

　高齢者施設に入居することで失いやすいものとして、自宅で暮らしているときには普通にあった近隣の人とのかかわりがあげられます。たしかにこれまで住んでいた家の近隣の人とのかかわりは物理的に難しくなりますが、施設に入ったからこそ創り出される新たな関係の一例がボランティアであり、施設の生活にとって重要な要素となります。

　高齢者施設でのボランティア活動というと、一般にどのような活動を思い浮かべるでしょうか。行事の手伝い、各種活動の指導、あるいはユニットで入居者とのふれあい活動をする人、見えない裏方で縫物やたたみものをする人等、その活動は千差万別です。

●ボランティアの概念・意義

　ボランティアの語源はラテン語のVolo（志願者）といわれています。その言葉から発したボランティアに関する考え方は、4つの原則でまとめられます（表3-9）。

　この原則に即して活動は展開されますが、入居者や高齢者施設、ボランティア自身にとって、高齢者施設でのボランティア活動はど

表3-9 ボランティアの4つの原則

1	**自主性・主体性**：個人の自由意志に基づいた活動であり、強要されたり、義務で行うものではない
2	**社会性・連帯性**：人が人としてともに生きるというノーマライゼーションに根ざしている
3	**無償性・無給性**：精神的報酬を得るものであり、金銭的報酬を期待するものではない（活動にかかわる材料費などの実費、交通費は無償の範囲と考える※）
4	**創造性・開拓性・先駆性**：現状に甘んじることなく、常にひらかれた視点で活動を見直す。さまざまなニーズにかかわり、より豊かな社会福祉を目指す

「有償ボランティア」について…「無償性・無給性」の原則と対比すると、少なからず違和感はあります。しかし、雇用とは一線を画して、謝礼を超えない範囲での有償性により、依頼する側も気兼ねなく頼めるという側面もあります。他の原則との合致もあり、社会参加の一つのかたちとして、「有償ボランティア」の概念も定着してきています。

のような意義をもつのでしょうか。

　ボランティアとは、その活動形態にかかわらず、入居者にとっては、近隣の人と同様に利害関係なく普通に接してくれる人のことです。職員のように時間に追われる可能性は少なく、人生経験も職員より豊かな場合が多く、年齢が近ければ、さまざまな活動を通しての会話にも深みが出ます。自宅での暮らしでは普通にあった関係と同様のものが高齢者施設に入居しても展開される、そのことがもっとも大きな意義となります。

　施設にとっては、ボランティアは地域社会との風通し役であり、またボランティア（地域住民）に施設のことや取り組みを知ってもらう機会にもなります。もちろん、活動そのものが施設の事業をサポートするものにもなります。

　ボランティア自身にとっては、社会に自分の力を還元する場となり、有用性を感じる場となります。入居者の暮らしをサポートしつつ、自分の高齢期に関しての学びの場ともなります。

　さらに地域社会にとっては、関係性が希薄になっていくなか、地域住民同士が接する場となり、地域社会の掘り起こしにもつながります。

　このように、ボランティアの導入はさまざまな側面で意義と効果があります。次に、ボランティアを導入するノウハウをまとめます。入居者が自宅で生活していた時と同じように、さまざまな人と接するための手段として、また地域社会への働きかけという施設がもつ社会的な使命を果たすためにも、ぜひ積極的なボランティアの導入を進めてください。

写真3-11　ボランティア喫茶
毎週定期的に開店しているボランティア喫茶です。おいしい珈琲はもちろん、じっくりとおしゃべりしながら楽しい時間を過ごせます。そこには、特養の入居者だけではなく、デイサービスやショートステイの利用者や家族、職員と、さまざまな人が憩いの場として集い、交流の場ともなります

写真3-12　クッキング
ユニットでの活動に、（家事の）プロであるボランティアが入ることで、職員では困難なほど時間をかけて、しっかりと接します

ボランティア導入の方法

●体制の構築

　ボランティアを導入し、高齢者施設の大きな力とするための方法をまとめると、

❶窓口の明確化

❷活動の調整

❸地域への働きかけ

❹ボランティアおよび職員双方への教育と啓蒙

といった4つの大きな要素があります。

❶窓口の明確化

　ボランティア活動に興味をもち活動を開始する際には、地域のボランティア団体等に登録することが一般的でしょう。また、施設の扉をたたこうとする人が最初に接する場面は、電話や施設の受付になることが多いかと思います。初めて施設を訪れて緊張している人に対して、最初の対応がとまどっていては、活動しようという気持ちもしぼみます。ボランティア団体との調整も、受け入れ担当を明確にしておき、円滑に受け入れを進めることが必要です。

　受け入れ担当については、受付の事務職員や相談員が行う場合もあるかと思いますが、お勧めするのが専任のコーディネーターの設置です。担当者が明確になることで、受け入れと合わせて、活動中に不都合が生じたときの窓口にもなり、トラブルの回避や円滑な活動につながります。

　限られた人員配置のなかで、運営基準等では設置の要件外です

が、施設のもつ社会的使命として地域の関係団体との調整や地域に働きかける窓口としての機能をもたせることができ、ボランティア活動の充実に伴うケアでの効果も考えれば、職員配置上の負担以上に効果はあるはずです。

❷活動の調整

　ボランティアの活動といってもさまざまです。それぞれ何をやってみたいのか、できることは何かも異なります。

　自らの時間を使い、志をもって施設を訪れたボランティアと施設のニーズをマッチングするために、ボランティアの受け入れ担当がオリエンテーションをして、ボランティアの特性を見極めるとともに、双方のニーズをすり合わせることが必要です。

　施設の考え方を伝え、個人情報の保護や高齢者の特性を伝えておくことも必要です。その際、ボランティア活動に関する施設の考えをまとめた「しおり」等を作成しておくことも有効です。受け入れ担当者は、オリエンテーションでの情報を活動場所の職員と共有し、円滑な受け入れにつなげます。

❸地域への働きかけ

　体制を整えても、待っているだけではボランティアは集まりません。受け入れの前提として、積極的に近隣地域に働きかけていくことが必要です。

　施設から自治会の会合や地域のお祭りに出向いてもよいでしょう。その際、「介護保険の相談窓口」を出してもよいでしょう。近隣地域の教育機関に出向いて、福祉の授業に協力することもできます。あるいは施設内のパブリックスペースの開放等、さまざまな形で近隣地域に出向き、施設の存在をアピールし認知度を高め、一方では協力も要請します。そうした双方向の関係をつくるための働きかけを、意図的に行いましょう。

　近隣地域には、気持ちはあるけれども、かかわり方がわからずにいる人がたくさんいるはずです。地域住民向けのボランティアや生涯学習の講座を開催し、近隣地域の広報や社会福祉協議会等で宣伝してもらえば、施設やボランティアに関心をもつ人が施設を訪問する機会も広がります。

　さまざまな形で積極的に近隣地域に働きかけていくことが、ボランティアの拡大につながります。

❹ボランティアおよび職員双方への教育と啓蒙

地域にある力と施設のニーズをつなげるボランティアが集まって活動を始める際に必要なことは、継続的に学ぶ機会を提供することです。日々の活動での調整は受け入れ担当との関係で展開できますが、ボランティア同士の交流の場を提供し、施設で進めているケアについて理解してもらうために、学習会や交流会といった機会を設定しましょう。

　あわせて、施設職員に対しても、ボランティア活動に関する基本的な考え方や、活動するボランティアの気持ちについて理解する機会を設定して、双方の気持ちとニーズをすり合わせることが、よりよい活動につながります。

●ユニットでのかかわり
❶職員の対応
　体制を整えたうえで、継続的な活動につながるかどうかの鍵を握るのが、活動場所での対応です。ユニットに入って活動するボランティアの活動を充実したものにするかどうかは、現場の職員次第です。

　象徴的な例をあげましょう。食事のすんだテーブルが少し汚れていたとします。それに気がついたボランティアが「テーブルを拭きましょうか」と言います。それに対して「あとで私（職員）がやりますよ。座っていてくださいね」と「ありがとうございます。お願いします。ついでに、隣のテーブルもお願いします。助かります」では、どちらがよいでしょうか。自分の時間を使って役に立ちたいと考えて施設に来ている人です。どちらがうれしいかは、言うまでもありません。

　また、初めてのボランティアであれば、ボランティアは緊張しています。初めて会って、職員の気持ちよい挨拶がなければ、次に来ようと思うでしょうか。

　活動に来たボランティアが最も喜びや不満を感じる場所は、受け入れ体制でも窓口でもなく、活動の現場です。ユニットでの介護職員の対応が施設の印象を決定します。忙しいからと言い訳できるものではありません。

❷入居者とのかかわり
　入居者とのかかわりから考えると、入居者にとってボランティアの意味は、地域で暮らす人と接することであることは述べました。それは同時に、ボランティアも新しい人間関係を構築する機会とな

写真3-13 ボランティア交流会
ボランティアの横のつながりを深められる交流会を定期的に設定します。交流会では、お楽しみ的な要素のミニコンサート（もちろん演奏者はボランティア）と、活動日は異なるが同じ場所で活動する人がふれあえる座談会をしました。職員もグループに入り、日頃の感謝を伝え、率直な意見を聞く機会にもなりました

ります。活動等の指導にかかわるボランティアから、「私のほうが勉強になります」といった言葉が聞かれることもよくあります。

　一つの例を示すと、習字の指導にかかわり、短歌等にも知識の深いボランティアに、短歌の好きな入居者と定期的にふれあい活動の機会をもってもらいました。

　その入居者は、施設での暮らしで感じたことや窓から見える景色、日常の出来事や家族への想いを率直に短歌にして、ボランティアが来るまでためておきます。ボランティアが来ると、語らいながら一首ずつ筆でていねいに短冊に書きとめ、和紙等で飾りもつけてきれいに装丁していました。

　職員では時間的に難しく、何よりその技術をもっていません。ボランティアがかかわることで、暮らしのなかの意欲が増す場面ですが、ボランティアも入居者の人柄にふれ、喜びや苦悩、不安や家族への心配等、さまざまな高齢期の想いにふれる機会となっています。人生の先輩からの言葉を聞き、「（人生の）勉強になる」と言うなど、入居者・ボランティア双方にとって大切な時間となっています。

❸ 関係をつなぎ深める配慮

　ボランティアコーディネーター等の受け入れ担当者は、ボランティアと入居者のニーズをつなぐ役割をもちます。それでは、入居者と接する場面で両者の関係をつなぎ深めるために、現場の介護職員はどのようなことに配慮すればよいのでしょうか。

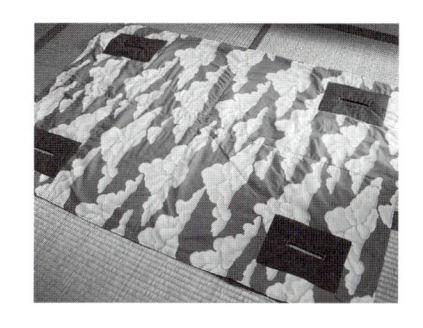

写真3-14　いすカバーと移乗布
入居者等と接するだけがボランティアの活動ではないことの一例です。直接かかわらなくても、さまざまな作業をすることで、生活に彩りが加わります。いすカバーは、事務用の無機質ないすも温かみのあるものに、移乗布は、職員が2人で移乗介助する入居者の負担軽減に加えて、無理な力が入ってけがにつながることがないための工夫です

　それは、難しく考えず、きっかけをつくること、関係のスタート時に少し寄り添うことです。そして時々、その関係を気にかけることです。初対面であれば「お茶を出す」「協働でできる作業や話題を提供する」、さらに短い時間でもよいので一緒にいて会話をとりもつことなどが有効です。

　関係性を深め円滑な活動とするためには、じっくりと接することができる場所の配慮も大切です。また、その時々の声かけや、ときには話に加わってみるといった働きかけ、気にとめていることを示す配慮も関係を深めるきっかけとなり、活動の充実につながります。

　そして何よりも大切なのは、ボランティアは自分の時間を使い、入居者に社会とのつながりを提供し施設をサポートしていることについて、職員が感謝の気持ちをもち、それが相手にわかるように接していくことです。

暮らしのひろがりを保障する

　ここまで、自宅での生活には普通にある家族や他者とのかかわりを、高齢者施設に入居しても同様に継続するために、地域や家族とのかかわりのつくり方、および24時間の暮らしのなかでメリハリとなり生活を豊かにする活動等のあり方をまとめました。

　「食べる」「出す」「寝る」が保障されたうえで、これらのことは暮らしを続けていくために不可欠な要素として、さらには、高齢者施設の社会的な意義や使命にもかかわることとして取り組んでいきましょう。

5 「医療との連携」から暮らしを保障する

入居者の重度化に伴い、高齢者施設で暮らしをつくるときには、
医療との連携が不可欠なものとなりつつあります。
その際、ともすれば医療一辺倒になりやすいものです。
暮らしの場において、医療はどのようにかかわればよいのでしょうか。

最善策となるべきは予防

　医療との連携から暮らしを保障する最善策は予防です。すなわち、入居者の個別状況に応じてケアを組み立て、医療が必要な状態を最小限にすることです。

　予防にはまず、高齢者の疾患と特徴について理解する必要があります。その基本的な知識をもとに、入居者の日々の変化をていねいに観察して情報を蓄積するとともに、職員間で情報を共有することで初めて、的確なアセスメントが可能となります。的確なアセスメントができれば、入居者の状態変化を予測し、適切なケアを適切なタイミングで実施でき、不適切なケアを排除できます。

高齢者の疾患と特徴

　高齢者の疾患について「慢性期医療認定講座テキスト」(厚生科学研究所、2009年)では次のように記されています。

　　一般に、高齢者に見られる老年病とは、加齢による臓器障害のため高齢になってから発症するアルツハイマー病や老人性の白内障、難聴など高齢者に特有の疾患よりも、いわゆる成人期に発症しそれが寛解、増悪を繰り返しながら高齢期を迎える生活習慣病がその主体を占める。それは加齢とともに腎機能・心機能・循環動態などに加え代謝機能も衰え、これらの変化とともに食事や運動における生活習慣の変化が、栄養の過剰状態、あるいは欠乏状態を生じ、代謝障害の原因となるからである。

また同書では、「寿命の決定因子」（米国厚生白書）について「医療はわずか10％にすぎず、むしろ生活習慣、環境により寿命は決まる」と指摘しています（図3-5）。このことからも、医療は予防を中心に組み立てることがよいといえます。

　高齢者の病気は複数の疾患を併せもち、典型的な症状が見えにくいので、特に注意して観察する必要があります。高齢者の疾患の特徴は表3-10のとおりです。

　「何となく元気がない」「そわそわして落ち着かない」など、一見意識障害や不穏とみられる症状が、実は肺炎や尿路感染などの感染症の前兆であったということは多くあります。また、薬の副作用で意識レベルが低下し、食事を食べなくなり点滴が必要になることも

医療 10％
遺伝子 20％
生活習慣 50％
環境 20％

参考：日本慢性期医療協会慢性期医療認定委員会『慢性期医療認定講座テキスト』14頁、厚生科学研究所、2009年をもとに作成

図3-5　寿命の決定因子

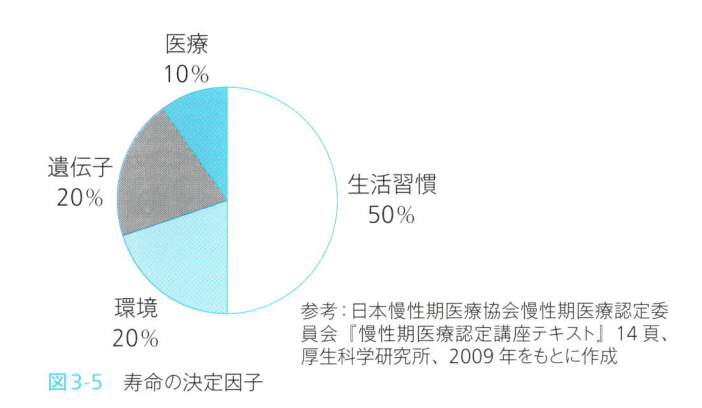

表3-10　高齢者の病気の特徴

①複数の疾患が潜在
65歳以上で平均三つの疾患（死亡例では、平均七つ主要疾患がみられる）
②症状が非定型的
特有な兆候や症状が現れにくく、病気を見逃がしやすい
③慢性化しやすい
完治しにくく、治療によるコントロールが必要
④意識障害、精神障害を起こしやすい
発熱、脱水、電解質異常、低血糖、環境の変化などで傾眠状態を示したり、幻覚、妄想、認知症状がでたりさまざま
⑤薬物の副作用が現れやすい
腎臓の排泄機能の低下、肝臓の解毒作用の低下など
⑥原疾患※と関係のない合併症が起こりやすい
褥瘡、骨折、失禁、尿路感染症、肺炎、認知症、血栓など

原疾患…もともともっていた病気。合併症のもととなる疾患。

あります。

　高齢者ケアに携わる看護師や介護職員は、こうした高齢者の疾患と特徴を理解し、個別ケアを実践する際に根拠となる生活機能、環境、習慣、生活史、本人の意向、平均的な体温、血圧、体重、尿量といった入居者の情報を正しく把握し、医師に迅速に提供することが、的確な診断を支える決め手となることを忘れないようにしましょう。

事例から　迅速な対応に欠かせない観察力

　アルツハイマー型認知症のHさん（83歳）はある日、朝から目覚めが悪く、車いすでリビングに案内しても眠ったままでした。

　介護職員が声をかけると、うっすらと目を開けようとするものの、すぐに眠ってしまいます。そこで朝食は中止とし、いったんベッドで休んでもらいました。

　お昼前には日課のおやつを促しましたが、大好きなコーヒーを出しても目が覚めない様子です。いつも自発的な会話は少ない人ですが、体熱感もなく、体温、血圧ともに正常で変わりありません。夜間不眠でもないのに、昼食時になっても覚醒することもなく、こんなことは初めてでした。

　介護職員は看護師に相談し、報告を受けた看護師は医師に報告しました。医師からの指示で頭部のCTスキャンを撮影したところ、左側の脳室に血腫があり、脳出血が確認されました。家族との協議で救急病院に搬送され、集中治療を受けることができましたが、搬送先の救急病院の医師も早期発見に驚いていたようです。

　集中治療を終えて施設に帰ってきたHさんは、穏やかな毎日を過ごしています。いつもより「目覚めが悪く、様子がおかしい」という気づきにより、脳出血が判明し、迅速な対応で緊急処置となった事例です。

> 体熱感…身体が熱を帯びているような感覚。熱っぽさ。

アセスメント──情報の整理と共有

　高齢者の暮らしを支えるうえで、基本的なアセスメントは欠かせません。人の生理的欲求と安全欲求は、「食べる、飲む、排泄する、身体を清潔にする、身じたくを整える、呼吸する、体温を調整する」という、生命を維持するうえでの基本的な欲求です（図3-6）。

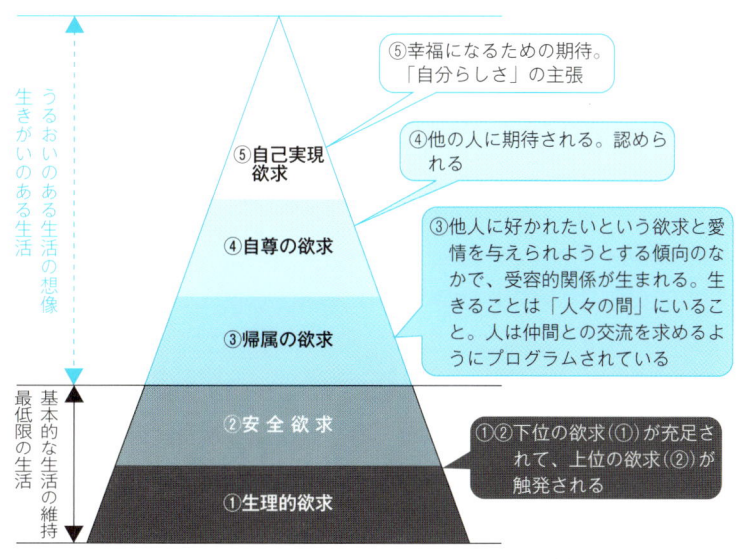

```
         ⑤幸福になるための期待。
          「自分らしさ」の主張

   ⑤自己実現  ④他の人に期待される。認められ
    欲求       る

   ④自尊の欲求   ③他人に好かれたいという欲求と愛
                情を与えられようとする傾向のな
   ③帰属の欲求   かで、受容的関係が生まれる。生
                きることは「人々の間」にいるこ
                と。人は仲間との交流を求めるよ
   ②安全欲求     うにプログラムされている

   ①生理的欲求   ①②下位の欲求(①)が充足さ
                れて、上位の欲求(②)が
                触発される
```

出典:横山紘子氏作成による

図3-6　人の欲求の段階と生活の質

　基本的な欲求へのアセスメントには、介護職員とともに看護師も参加し、細やかな工夫に満ちた個別のケアプランを立案しなければなりません。生活ニーズの充実は予防的ケアとなりますが、アセスメントが不十分で個別性が考慮されない後追いケアになると、結局は医療ニーズに追いまわされることになってしまいます。

　特に、食べることと飲むことのアセスメントが不十分であれば、うまく飲み込めない→むせによる誤嚥→肺炎→絶食→脱水→尿量減少→尿路感染→抗生剤による点滴、といった負の循環に陥ってしまうのです。

　重度の入居者であれば、まずは生活機能のアセスメントをしっかりとしたうえで、環境、習慣、生活史、本人の意向や好みなどを考慮し、表3-11に示すように、観察を深めながらケアプランの立案をするとよいでしょう。

　また看護師は、重要な医療情報を介護職員にわかりやすく提供しなければなりません。医療情報のうち、平均的な体温、血圧、体重などの数値、原疾患による症状、併発しやすい合併症の症状、定期の内服薬と気をつけなければならない副作用の症状、便秘や発熱時の暫定的な対応、経管栄養や胃ろうの開始時間やポジションの確認など、共有しておきたい主な情報については、誰がみてもわかるように、24時間シートに特別枠を追加しておくとよいでしょう。生

表3-11 24時間シートへの医療情報の記入例

医療情報の記載

時間	日課	意向・好み	自分でできること	サポートが必要なこと	気をつけること
6:00	おむつを替える	ていねいにしてほしい	右手で柵を握る	・○○○（Mサイズ）を使用 ・一人援助「おむつを替えますよ」と声かけをしながら、ゆっくり行う ・側臥位時、左上肢が身体の下に巻き込まないように気をつける ・帯が擦れないように、あらかじめ折り込む。温かいペーパータオルで陰部清拭する ・紙おむつを中央に装着しているか確認	①脳梗塞後遺症→左上下肢まひ ②頻脈性心房細動→頻脈・不整脈 ③内服薬 ・ラニラビッド（心臓の働きを強くする薬）0.1mg0.5錠　朝1回 ・アルセノール（不整脈を防ぐ薬）50mg0.5錠　夕1回 ・硝酸イソソルビドテープ（心臓の血管を広げ、血液の流れをよくする薬）40mg　1日1枚 ・マグミット（下剤）2錠　朝・夕 ※褥瘡を発生しやすいので、おむつ交換時は仙骨部などの皮膚の発赤に注意 ※脱水になりやすいので、おむつ交換時に出ていないときは、その後の排泄状況に注意。平均的な1日の尿量は800〜1200ml、1回の尿量は100〜300ml
6:30	顔を拭く			・洗面は温かいタオルにて援助して顔拭する ・櫛で髪をとかす	
6:45	口の中をきれいにする			・ガーゼで口の中を拭く	
7:00 7:45					
8:00	リクライニング式車いすに乗る 朝ごはんを食べる	安全に起きたい 口の中に適量入らないと飲み込まない。粒のあるものは嫌い	 口を大きく開ける	・「車いすに移りますよ」と声かけをし、2名介助（横抱き）にてリクライニング式車いすに離床する。このとき、左上肢には三角巾を使用する ・全面介助 ・一口を少し多めにする ・口腔内に食物をため込んでいることがあるので、声かけをし、飲み込んでもらう	※とろみの濃度に注意（100ccに対してとろみ剤5g）
8:30	薬を飲む			・ガーゼで口の中を拭く	
8:45	口の中をきれいにする			・TVの前にお連れする ・ガーゼで口の中を拭く	
9:00				・「熱を計りますよ」と声かけをし、体温・脈拍を測定する	平均バイタル 体温　35.6〜36.4℃ 脈拍　50〜70／分 血圧　120〜150／70〜90mmg 動脈血酸素飽和度（SpO$_2$）93〜97% ※脈拍が80以上、上の血圧が100mmg以下のときは報告→硝酸イソソルビドテープ（狭心症の薬）を外す
9:15	リビングで過ごす	テレビが好き 好きな番組・曲			
9:30 9:45 10:00					
10:15	お風呂に入る（週2回）	熱いお湯が好き（41〜42℃）		・簡易浴槽使用 ・移動はストレッチャーを使用する ・移行動作、2名介助（横抱き）にて行う ・左手の巻き込みに注意（三角巾使用） ・洗身は1名援助にて全介助する ・化粧水、乳液を利用	

活ニーズとのバランスが一目で一覧できるので、生活ニーズが考慮された医療の提供が可能になります。

事例から　24時間シートを使った医療情報の共有

「看護師によって胃ろうの開始時間が変わるので、排泄の時間がずれてしまいます」

こんな介護職員の何気ない一言で、24時間シートへの胃ろう情報の書き込みが始まりました。胃ろうなどの医療処置は看護師の判断で実施されています。看護師によっては優先順位も異なり、早朝5時から開始する日もあれば7時から開始することもありました。

調べてみると、開始時間を決める根拠は、入居者の都合に合わせたのではなく、看護師の業務の都合でした。24時間連続した暮らしの情報を一覧化した24時間シートは、個別ケアの根拠となるものですが、医療ニーズが必要な入居者には、医療行為をどのようなタイミングで、どのような方法で提供していくかなどの根拠も明確にする必要があります。

そこで、担当看護師と介護リーダーが連携し、医療情報を「気をつけること」と表記し、24時間シートに記載することにしました。基本は、誰が見ても理解できる言葉づかいで、できる限り具体的な数値で示すことです。

例えば「頻脈性心房細動のために、脈が増えたり、乱れたりします」といっても、介護職員にはどういう状況なのか、具体的なイメージがつきません。そこで、「1分間の脈拍が80以上の時、リズムに乱れがある時は、看護師に報告」と表現すれば、誰でも理解できます。

誰でも理解できる表現方法の検討を重ねたうえで、「気をつけること」を24時間シートに記載することで、医療情報に対する介護職員の関心が高まり、より注意して入居者の状態を観察するようになりました。同時に、情報を整理することで職種間によい関係が生まれるきっかけにもなりました。

ターミナル期における連携と協働

ターミナル期は医療と介護の連携がさらに重要となります。命の終焉を見届ける看護師と介護職員は、家族とともにケアの集大成と

して臨みますが、入居者と家族の身体的・精神的苦痛を緩和するアセスメントが重要となります。

これからどのようなステージに入っていくのか、どのような症状が現れるのか、そのなかでできうる対処方法は何かなど、予測されることをしっかりと検討して理解しておくことは、家族へのサポートに不可欠です。知らないことへの不安を緩和しながら、入居者本人と家族のニーズを考えていきます。

ターミナルケアの目指すべきものは、入居者本人と家族の満足であり、介護職員自身も含め、関与する人々に悔いが残らないよう手を尽くすことです。

満足を引き出すために

入居者本人と家族の満足を引き出す手順は、次のとおりです。

❶ 入居者本人と家族が何を望んでいるかを知る
❷ 望んでいるもののなかから、提供できるものと提供できないものを提示し、選択してもらう
❸ できることを実施する

この手順で最も重要かつ基本的なことは、信頼関係の構築と緊密なコミュニケーションです。しかし、身近な人を亡くした経験のない介護職員のなかには、本人や家族の思いに共感しても、かかわり方がわからずに、未熟な自分に罪悪感を抱く人もいます。

そのためにも、家族を巻き込んだ看取りのカンファレンスを実施し、「本人や家族の思い」を聞き出し、「望むこと」「提供できること」「提供できないこと」を十分に検討します。これからどのような症状が起こるのか、その症状に対してどのような処置を行うのか、入浴や排泄などの工夫、どのような時に連絡するのかなど、具体的な疑問を解決しておく必要があるでしょう。こうしてターミナル期のケアプランを立案します。

また、看取りを支えたあとも、家族とともにカンファレンスを行うことで、ともに支えた喜びと喪失の悲しみを分かちあい、学びは何か、やり残したことはないか、次につなぐことは何かなど、家族の声は真実の声であるととらえ、真摯に耳を傾けて検討する必要があります。

家族にほめてもらうことが介護職員の喜びにつながり、より良いケアにつながります。当時者の声に耳を傾けることは、看取りとい

う貴重な学びに立ち会ったものの使命です。

　現場では職種間のコミュニケーションが問題となりますが、入居者にとって心地良いケアの提供を求めていけば、あらゆる職種が連携して協働することの重要性に気づくはずです。こうした現場での積み重ねが、ケアという仕事の価値と自分自身への誇りへと進化するのです。

事例から　介護職員の思いが連携と協働を呼ぶ

　転倒により要介護5となったAさんは、余命3か月の上行結腸がんと判明しました。食道の通過障害のため、点滴による栄養摂取となりましたが、「このまま死ぬんやろうか？　最後に家に帰りたいわ」と訴えるようになったのです。

　家族の希望は「苦痛を伴う一切の延命処置はしない。点滴が入らなくなったときは無理をしない」というものでした。日頃から我慢強い性格で、何を聞いても要望を訴えたことのないAさんの願いを叶えるのは今しかないと、介護職員は家族や医師、看護師と相談し、2時間の予定で自宅への外出を計画しました。職員が事前に自宅に伺い、移動中の車のポジションなど入念な準備をし、自宅への外出が実現したのです。

　自宅に帰ったAさんは、まず仏壇にゆっくりと手を合わせました。静かに先祖への祈りを捧げる姿は圧巻でした（写真3-15）。短い滞在でしたが、心配された状態変化もなく、たんの吸引も酸素吸入も不要でした。

　外出から戻ったAさんは、静かに眠ることが多くなり、穏やかな表情はまるで死を受容したかのようでした。家族もまた、Aさんの願いを支えたことを喜び、「これで思い残すことはない」と、退居時に着せる着物の準備を始めたのです。

　そうして外出から2週間が経過したある日、家族に見守られながら、Aさんは静かに永眠されました。

　介護職員はこの体験を通じて、入居者本人と家族が何を望んでいるかを知るこ

写真3-15　先祖への祈り。自宅に帰ったAさん

と、そのなかから提供できるものを提示して選択してもらい、家族とともに検討・工夫して、できることを実施することの重要性を学びました。

最後に

本節では、予防という観点から、医療との連携から暮らしを保障する方法について解説しました。入居者本人と家族の満足を引き出すための手順、組織管理上の注意点なども、医療との連携には欠かせません。

また、ケアの集大成となるターミナル期においても、医療との連携は重要です。命の終焉を見届ける職員は、家族とともにケアの集大成として臨みます。繰り返しになりますが、ターミナルケアの目指すものは、入居者本人と家族の満足であり、関係者に悔いが残らないよう手を尽くすことです。

6 実践施設の取り組みから
——特別養護老人ホーム「龍生園」（熊本県人吉市）

特別養護老人ホーム「龍生園」は1976年、定員50名で開設し、
現在は定員117名の施設です。
2002年には、グループケアとして7ユニットに再編しました。
しかし、職員体制は3対1と従来のままで、設備も簡易な仕切りのみで、
ユニットによってはトイレも洗面所も遠く離れた場所にしかない状態でした。
今回は、創立30周年記念事業として06年、
定員40名の新型特別養護老人ホームを増築したのを機に大規模改修をし、
ユニット型に移行した重度の認知症専用棟（通称・南町）の取り組みを紹介します。

安全という名のもとの人権侵害

　南町の建設当時は、認知症の入居者が自由に歩きまわれる回廊があり、安全確保という名のもとに、玄関は電子施錠、居室は外に出られないように施錠するのが認知症対策でした。今考えると、自由を束縛し、人権を無視したケアであり、「赤面の至り」といった感があります。

　居室内も、行動症状につながるという考えから私物を置かず、昼間はデイルームで30人が一緒に集団処遇されていました。一人が不穏になると、連鎖反応で全体が騒々しくなるのは日常茶飯事です。カーテンを何度もちぎったり、高さ180cmの欄間から脱出したり、暴言や暴行があったり、また異食のためテーブルに花一輪飾られない状況でした。

　折にふれて南町の玄関（出入口）へ行き、職員の行動の見よう見まねで暗証番号を押し、ドアを開けようとガタガタさせる人もいました。その姿に「申し訳ないな」という気持ちはあるものの、安全のためには仕方ないという施設側の考えを優先していました。

「施錠」という安全弁を取り除く

　改修工事にとりかかる際、設計士から「玄関の施錠を取り外してオープンに」という提案がありました。最初は認知症ケアの現場を

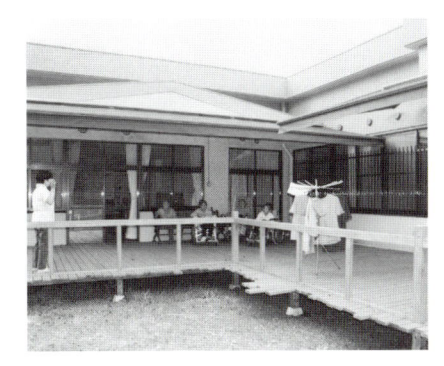

写真3-16　改修直後のユニットの様子。窓には格子がはめられており、改修前の様子がうかがえる

写真3-17　施錠をなくし、ドアも障子に変更したユニットの玄関

改修前　　　　　　　　　　　　　　改修後

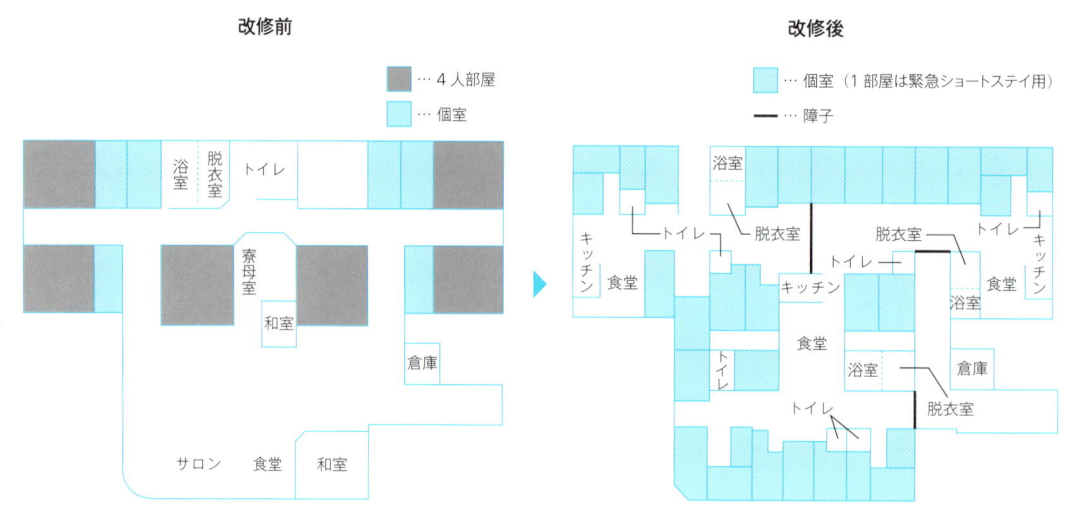

■ …4人部屋　　　　　　　　■ …個室（1部屋は緊急ショートステイ用）
■ …個室　　　　　　　　　　― …障子

図3-7　改修前と改修後

　知らないがゆえの無謀な提案と思ったものです。しかし、先進施設の見学や勉強を重ねていくうちに、小グループで過ごすことで本来の生活に近づき、見守りも行き届き、施錠なしでも事故を未然に防げるのではないかと意識が変わってきました。

　あわせて、もし自分が認知症になったとき、龍生園で過ごせて幸せだったと思えるだろうか？　自分の親を安心して預けることができるだろうか？　と考えると、答えは「否」でした。しかし、「鍵はすべきでない」と頭では理解できるものの、認知症の人には施錠が当たり前という考えが定着していただけに、「鍵なし」の決断には相当の覚悟を要しました。

　これまでは施錠という「安全弁」に守られていましたが、その弁が完全になくなることは、現場の介護職員にとっても重大です。特に夜間の不安感は想像以上です。そこで話し合いを重ね、「精いっぱいかかわったうえでの事故は、施設長（筆者）がすべて責任をもつ」という姿勢を強調することで介護職員も納得し、電子施錠のみならずドアも取り除

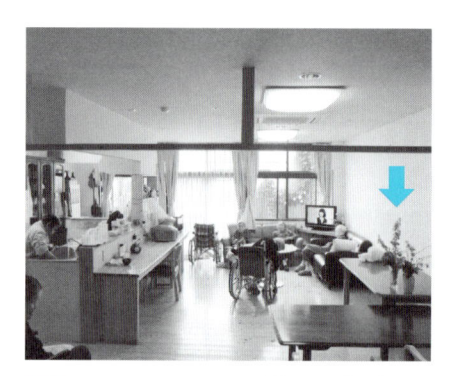

写真3-18　ユニットには四季折々の花が飾られるようになった

写真3-19　改修当時（写真3-16）と比べても、生活らしさは明らか

き、仕切りは障子のみにしました（写真3-17）。

居室は個室が6部屋、4床室が6部屋という体制から、全室準個室もしくは個室とし、10名単位の3ユニット編成としました（図3-7）。ユニットごとに、キッチンとリビング、個室浴槽、トイレ、汚物処理室を完備。介護職員を各ユニットに固定配置しました。同時に、ユニットで炊飯も始めました。

閉鎖的にならないよう、介護職員の要望で各ユニットにウッドデッキを設け、自由に外に出られる工夫もしました（写真3-19）。2つのユニットのウッドデッキからは、汽笛を鳴らして煙を吐きながら勇壮に走るSL（SL人吉。熊本～人吉間を走る蒸気機関車牽引による臨時快速列車）を見ることができます。

実践による効果　危惧は取り越し苦労に

そのような環境で、ある入居者が車いすを自操してほかのユニットに出かけることもありましたが、規制することなく「○○さんが○○に向かわれたのでよろしく」と内線で連絡し、全職員で見守り・連携をしながら、本人が「帰る」と意思表示されたときに送り届けるようにしました。一番心配した玄関の開放については、まったくの取り越し苦労でした。

また、職員と顔見知りになり、安心感が生まれたようです。入居者同士は、互いに家族に向けるような関心を寄せ合い、いたわりの気持ちが芽生えてきました。些細なことでも自分の役割をもつことによって、表情が豊かになった気がします。

テーブルや洗面台には季節の花が飾られ（写真3-18）、鉢花や観葉植物等を置いても、口に入れたりポケットに納める人はいなくなりました。徘徊も激減し、おだやかな表情で過ごされています。これらは、入居者一人ひとりを職員がしっかりと把握したうえで、24時間シートに基づいて臨機応変に対応できるようになったことが大きいと感じます。

4人部屋のときは、夜間の排泄介助時や不眠の入居者がいると、他の入居者が目覚めて対応に困ることもありました。個室になると、そのような事態はなくなります。不眠の人はリビングでテレビを観たり、タオルや洗濯物たたみをしながら過ごし、本人の眠りたいときに就寝されます。

起床時間は6時頃から9時頃と幅ができ、就寝時間によっても違いがみられるようになりました。集団処遇のときは、介護職員の勤務体制に入居者の生活を合わせていましたが、現在は入居者の暮らしに合わせて、ユニットごとにシフトを組むようになりました。

環境調整者としての使命

ユニットケアを始めてから4年あまり。束縛されたら抵抗したいし、閉じ込められたら出たいのは、人間として当然です。出たいときは出られるという安心感と、時間に縛られることなく暮らせることで落ち着きを取り戻すことを実感しています。

入居者の穏やかで豊かな表情の変化に、これまでは「問題行動を起こしてください」と言わんばかりのハードやソフトだったのだと気づかされます。

入職したばかりの生活相談員が言った「介助者という視点からではなく環境調整者という視点から考えて対応・支援していきたい」という言葉をかみしめています。

（施設長　髙村龍子）

IV 暮らしを続ける

一度暮らしをつくっても、継続されなければ
その暮らしは保障されたことにはなりません。
暮らしの継続にはシステムづくりが欠かせませんが、
記録と会議、職員の育成・研修を通して、
そのシステムは強固なものとなります。

はじめに

「Ⅳ　暮らしを続ける」では、高齢者が安心して24時間連続した暮らしが続けられるために、何を整備したらよいのかをまとめてみました。
この分野は、理論を理解し、仕組みをつくることから始まります。
いったん仕組みができると、レールに乗って前に進むことができます。

　一人で介護を続けるのは並たいていなことではありません。1時間でもいい、誰か交代してくれる者がいるとホッとするものです。その交代には、「水を飲みたいと言ったら、この吸い飲みでお願い」などという情報がなければできません。また、吸い飲みを扱える人でないとお願いはできません。「私はできるけれど、次に引き継ぐ人はできない」では困ります。

　高齢者が暮らし続けることをサポートするためには、いかに情報を伝達し、共有していくか、そして、同じ技術を持ち得ていることが問われます。しかし介護の場では、「情報がうまく伝わらない」「技術力に差がある」という悩みを、多かれ少なかれ誰でも抱えているのではないでしょうか。

　情報の伝達と共有、技術力を一定に保つ＝研修については、理論と仕組みをつくることで解決できます。

<u>記録</u>…情報の伝達には、今まで「申し送り」が汎用されていました。人と人が顔を合わせて意見を言い合うのですから、言葉の伝達だけではなく、表情に含まれるニュアンスなども読み取れ、まさにマルチ伝達ともいえます。しかし、その場に居合わせない人やその表情の奥にあるものを読み取るのは個々の主観なので、微妙に違っていたこともあります。情報で大事なのは、客観的かつ正確さです。情報の伝達として、今「記録」の整備が進んでいます。そのためにはケアの視点を、「課題解決型」から「毎日の暮らし」に移行することです（「Ⅰ-1」参照）。しかし、ミーティング等でそう申し合わせたとしても、「特変なし」という課題解決型記録になってしまうのが

現実です。では、どうすればいいのでしょうか。答えは簡単です。「特変なし」と書けない書式、言い換えれば、1日の暮らしぶりを書く書式に変えてしまえばいいのです。「24時間シート」で、1日の暮らしぶりを知ります。その暮らしぶりについてどうだったか、そのことを書けばいいので、「24時間シート」に合わせた記録用紙にするのが一番順当といえます。そうなると、業務主体に書くことは困難になり、自然と利用者主体の記録になります。それ以外にも、一元化・一覧化等工夫が求められます。

ミーティング・会議…記録の工夫で情報は伝わり、皆で共有できます。しかし共有とは、意見を出し合い納得し合って初めて「共有する」ことに結びつきます。その場がミーティング・会議になります。「情報を共有する」というこの分野では不可欠な業務は、「勤務」であるという位置づけと自覚をもって運用していくことが、情報共有の成功のカギです。

　運用のポイントは次のとおりです。
・ミーティング・会議の位置づけを明確にする
・運用方法を決める→日時・会議時間の固定、議事録の作成、参加者を明確にする

研修…どんなことでも、チームで対応するには質の均一化、質の担保が求められます。その手段として「研修」があります。今、研修は大きく変化をしています。変化を取り入れているところとそうでないところの格差は大きなものです。「職員が育たない」「離職率が高い」といった悩みの一因として、自分たちの「研修」はどうなっているか、精査してみる必要があります。

　「費用対効果」——この言葉は福祉業界ではあまり関係ない、むしろ使いたくない言葉として扱われているかもしれません。しかし、せっかくお金を使って教育しているのに、その成果が現れないのでは意味がありません。そのお金は、主に介護報酬（公費）を使用しているのです。また教育（研修）の効果は、すぐ目に見えるものでもありません。だからこそ、計画性が求められるのです。

1-1

情報の伝え方　①記録

多くの職員が勤務する高齢者施設では、記録による情報伝達が欠かせません。
それでは、個別ケアの視点でみた場合の記録の目的とあり方を、
どのように考えればよいのでしょうか。
そこからみえてくる記録とケアプランの関係を整理しました。

記録の意義と目的

記録との出会い

　病院から転院してきたAさんは、脳梗塞の後遺症によって「意思疎通不可」と申し送りがありました。

　しかし、それでも職員が意識して継続的に話しかけ、表情などをよく観察していたところ、ある日突然「〇〇が食べたい」と叫びました。そのときその場にいた私の驚きは、筆舌に尽くしがたいほどでした。

　ところが、Aさんが言葉を発したのはこの日が初めてではなく、私だけの体験かと思っていたら、実は他にも数人聞いていたことが後でわかりました。声を出したのはいつからだったのか、記録をたどっても他の職員に聞いてみても曖昧で、結局はっきりしませんでした。

　当時記録とは、特記事項（身体的なこと・突発的な事故についてなど）を書くものと思っていたので、上記のように、日常生活のなかでは大きな進歩であっても、緊急性がなく、介護内容の大きな変更につながるものでもない事象は記載されていませんでした。

　しかし、もっと早く知っていたら、職員のかかわり方も違ったものになり、家族への説明も違ったことでしょう。

　理念に「暮らしのサポート」を掲げておきながら、実際はこんなに大切なこともお互いに共通認識できていなかったのです。しかしこのことが、職員に大きな危機感をもたせ、さらに当時の記録体制への問題提起となったのです。

この一件をきっかけに、私の勤めていた施設では「記録」の重要性を再認識し、残しておくべき記録について一つひとつ考え、記録のあり方と様式を決定していきました。

仕事としての成果

　皆さんは、日々のケアのなかで次のような経験をしたことがありませんか？

　「入居当初、医師の診断書に意思疎通不可という情報が申し送られた入居者が、ある日突然、自分の声かけに反応して声を発してくれた」

　「ずっとこわばった表情でケアを拒んできた入居者が、ある日ふと、職員の手に優しく触れて話しかけてくれた」

　入居者の一番身近にいる介護職員が、このような感動を味わう場面に立ち会えることは最もうれしい瞬間であり、仕事に対するやりがいを実感できる瞬間ではないでしょうか。しかし、こうした情報は記憶にこそ鮮明に残りながら、記録には残っていないということが多いのです。

　皆さんがどれほど良いケアをしても、それを具体的に証拠として残さなければ実証されません。それは「文章化すること」「記録として残すこと」であり、それが仕事の成果として認められるものなのです。

入居者主体の記録

　それでは、記録はどのように書けばよいのでしょうか。これはケアの原点、ケアの着眼点ともいえます。介護とは、入居者の1日の暮らしをサポートすること、その暮らしは入居者が中心でなければなりません。当然、記録は入居者を主体としたものになります。

　今までの記録は、ケアの視点が課題解決型であったため、必然的に記録に求める価値が「日々の暮らし」から離れたことに偏り、身体的な異変や突発事故など、生命にかかわる内容を記録するものと認識されていました。

　しかし、入居者の日々の暮らしは劇的な変動が少なく、緩やかな変化です。この緩やかな変化を見落とさず、しっかりと次に引き継ぐことを念頭に置いて介護することで、入居者は自分らしいスタイルで暮らしを送っていただけるのではないでしょうか。

この視点を持ち備えていれば「特になし」「特変なし」は本当に「特変なし」なのかどうかに気づくはずです。「特変」を身体的なことに限定せず、1日24時間の暮らしのなかでの出来事と考えると、何かしらの変化があったことに気づくでしょう。

　朝のあいさつを交わしたときやカーテンを開けるときなど、ケアの最中に入居者の表情の変化や、何気なく交わした言葉、身体のちょっとした動きに、本当にいつもと変わったところはありませんでしたか？

　日常動作のケアに携わっている時間こそ、その人と向き合える一番大事な寄り添う時間です。単なる業務としてこなしていれば、ささいな変化を読み取ることはできないでしょう。

情報の伝達と共有

　施設の経営を考えたとき、ユニットごとに常時配置できる介護職員は1、2人になります。そのため、これまでの集団ケアのように、仕事をしながら他の介護職員から介護技術を学んだり、入居者にかかわる情報を職員同士で共有するということが困難となります。その場合、かかわる介護職員の知識や技術、経験などにより、入居者に対するケアの違いが発生することが想像できます。

　しかし、かかわる介護職員によってケアが変わってしまったら、入居者にとっては迷惑な話です。入居者の暮らしは24時間365日絶え間なく続いています。その暮らしを途切れることなくサポートするのが介護職員の役割です。途切れることなく連続したものにするためには、情報をいかに詳細に記録として書き残し、ケアの内容を客観的に把握し共有していくかが重要です。

　高齢者施設では職員が24時間365日入れ替わりのなかで介護にあたるため、必然的にその場にいなかった職員にも、その日の事象について共通の認識をもってもらうことが必要です。

　こうした場合に、口頭ではなく記録に残すことがよいというのは、どんなに正確に伝えようと思っていても、口頭では選ぶ言葉ひとつとっても毎回微妙に変化してしまい、一語一句同じということがあり得ないからです。

　対して、文字に残された記録は、まったく同じ文章を読むことになり、解釈に個人差はあっても、根本が揺るがないのです。

記録のあり方

一元化

　入居者中心のケアを提供するユニットケアでは、記録も入居者中心でなければなりません。しかし今までは、介護の記録、看護の記録、栄養士の記録などと、業務ごとに記録がされていました。そうなると、各部署での仕事の成果を記すには万全ではあっても、どの部署の記録用紙にも1人の入居者にかかわる同じ内容のことが重複して書かれていることになりかねません。

　また、いろいろな部署の記録を寄せ集めないと1人の入居者の暮らしぶりがわからないのでは、仕事の効率が良いとはいえません。そこで、各部署の記録を一元化すれば、関係部署に行って記録を寄せ集めなくとも、入居者の情報が全て把握できるようになります。これを「記録の一元化」といいます。

　しかし、介護と看護の記録を同じ用紙に書く場合には、その区別をどうすればよいのか、夜勤と日勤の業務の差をどうつけるのかという疑問があります。そのときは、施設ごとに区別が必要かどうかを考え、必要であればその頻度に応じて工夫をすればよいのです。青は看護師、緑は栄養士、黒は介護職員などとペンの色を変え、一目で必要な情報だけを瞬時に拾い出し整理する工夫もあります。

　入居者の状態は年齢を重ねることや疾病の状態により、日々変化があります。体調を崩したり食欲が落ちてきた場合には、24時間の流れに沿った記録を見直すと、治療や食事の内容のあり方などを、問題の根元であると予測されるものに分類ができます。これは、記録を一元化した効果ともいえます。

一覧化

　記録は、入居者が生活しているユニットに常に置いておき、そのユニットに行けば、いつでも記録がすべて把握できる仕組みが大切です。これを「記録の一覧化」といいます。

　これまでのように業務別の記録をとっていたときは、事務所や医務室、介護室など、保管場所はばらばらでした。そのため、急変時に記録を持って病院へ向かう際、普段の健康状態や薬の説明に必要な記録は医務室、日常の暮らしの様子を説明するためのケース記録は介護室に取りに行くなど、1人の入居者の情報をあちこち探し集

めなければならない状況でした。

しかし、そのユニットに行けばいつでも記録がすべて把握できる仕組みをつくっておくことで、あわてて探し回ることもありません。こうした一覧化は、情報を共有する方法として有効であり、介護する側にとっても合理的であるといえます。

記録を書く場所

それでは、記録をどこで書いてどこに保管すると有効なのでしょうか。

すべての情報は入居者本人のものでもあります。そのため、入居者が生活している場所（ユニットケアでいえばユニット）に置くことが望ましいといえます。必要最少限の職員数で行われているケアの現場では、たとえ記録のためとはいえ、不在になることは許されません。必然的に、記録もユニットで書かれるべきであるといえます。情報の取り違えに対するリスクも軽減されます。

入居者の一番身近なところでいろいろとできることが、入居者にとっても、また仕事として考えても一番合理的です。

記録の保管

ここで気をつけなければいけないのは、個人情報を取り扱う者としての守秘義務です。パソコンであればパスワードを設定し、書類であれば鍵のある棚に必ず戻し、職員以外の人が容易に目にふれることのない工夫が必要なのはいうまでもありません。

記録がつなぐ家族との関係とケアプラン

次に、これらの記録に記された情報の使い方について考えます。

離れて暮らす入居者と家族は、お互いの生活を気づかう毎日を過ごしていることでしょう。しかし、入居者の暮らしの全容が容易に想像できる工夫されたケース記録があり、家族が訪れた際にその記録を読むことができれば、離れていた時間について入居者の日々の暮らしぶりを想い描き、安心する材料の一つになるのではないでしょうか。

また、入居者の毎日の暮らしぶりを記録として積み重ねることは、些細な変化に気づいて他職種につなげる足がかりとすることができ、

その様子を家族に理解してもらうこともできます。

　こうして毎日積み重ねられた情報は、いわば日々モニタリングを行っているのと同じで、継続から見えてくるケアの妥当性や見直しの必要性を考える足がかりとなる具体的な方策は、ケアプランへとつながります。

「暮らし重視型」の視点

　在宅でひとりでケアをし続けるとき、ケアプランを書式に書き記している家族はどのくらいいるのでしょうか。在宅は1対1のケアであり、その情報を他者と共有する必要がありません。しかし高齢者施設では、複数の職員が入居者の暮らしの24時間を各々の勤務時間で分割し、役割を分担しているので、共通の指示書、すなわちケアプランが不可欠となります。

　介護サービスはケアプランに沿ってなされるものなので、視点の共有化が求められます。これからのユニットケアで求められるケアプランは、「入居者の24時間の暮らし方」（暮らし重視型）の視点といえます。

　今までのケアプランは、入居者の身体的や日常生活動作の課題を取り上げ、それを解決する課題解決型のプランが中心でした。しかし現在、高齢者施設における個別ケアの視点は、「入居者の24時間の暮らし方」に向けられています。24時間という1日を入居者がどう過ごしたいのか、どのような意向や嗜好、習慣があるかを探ることにあります。それに対して、課題を解決するために何かをしなくては、という視点は、入居者の暮らし方を分断し続けることになりかねないのです。

ケース記録とケアプラン

　ケアプランには「アセスメント→プラン（計画）→実践→評価」という一連の流れがあります。初回のアセスメント以外は、高齢者施設に入居し、その後どのように暮らしているのか、記録などからアセスメントされ、プランが立案されます。プランに対する評価も、記録から状況を読み取ることにより行われます。

　このように、ケアプランの流れのもとは記録にあるといえます。しかし多くの高齢者施設では、ケアプランはケアプラン、記録は記録として単独に存在しており、共有されることもなく、ケアプラン

の内容の存在すら浸透していない現実があります。

このような現象が起こっている原因は、個別ケアの視点が入居者主体に定まらず、業務としてこなされているため連動されにくいのだと考えられます。あくまでも基本的な視点は、どのようなときも「入居者の暮らし方」にあるべきです。

入居者の暮らし方に沿ったケアプランとするためには、暮らしの視点に立ってアセスメントをする力を養うことが必要です。そのためにも、24時間の時間軸に沿ったアセスメント表の作成（24時間シート）は有効です（表4-1）。

入居者それぞれの暮らしをサポートする個別ケアを目指すのであれば、一人ひとりの入居者の暮らし方を知らないとサポートできません。そのなかで見えてくる入居者の希望や課題をケアプランに落とし込んでいくことが始まりです。

その結果を書いたものが、24時間の時間軸に沿った記録（ケース記録）に結びつきます。こうなると、ことあるごとにミーティングで「ケアプランのことも記録に残しましょう」と言い続けなくても、自然に出来上がる実感がもてるでしょう。

個人であっても組織であっても、ケアの基本は「入居者主体」であり、入居者が24時間をそれぞれに暮らし続けることをサポートすることが「個別ケア」です。ケース記録とケアプランは、この共通の視点があれば、いともたやすく結びつくことができます。あとは工夫次第です。

個別ケアとは入居者に個別に対応することですが、各部署の各職員は協働してケアを提供していくことになります。その成果をどのようにつないで活かすかが、ケース記録とケアプランの役割です。

記録の整理と工夫

記録の問題点は、種類が多いために書く作業に追われ、勤務時間内に書き終わらないことです。それでは、記録に必要なことは何でしょうか。

情報は、業務に関する事柄と入居者に関する事柄に分けることができます。また、それを大きく三つに分類すると、「1日の情報が集約されているもの」（日報）と「個人の情報が経時的変化も含めてわかるもの」（ケース記録）、そしてチェック表（データ）になります。

表4-1　24時間軸に沿ったアセスメント表（抜粋）

時刻	日課（暮らしぶり）	意向・好み	自分でできること	サポートが必要なこと
5:00	○トイレ①	＊	・右手でズボンと下着を下ろす・終えたことをコールで知らせる	・ふらつきに注意しながら左脇に立ち、トイレまで手をつないで案内する・ズボンを下ろしてもらうよう声をかける・排泄用品の交換（夜間使用⇒日中使用）・立ち上がってもらい、下着とズボンを上げる
6:00〜7:00	○着替え	・肌触り、色のきれいな洋服が好き	・衣類を選ぶ・ボタンを外す	・天候や気温などを伝えながら、衣類を選んでもらう
	○歯磨き	・歯ブラシは柔らかめ	・義歯を外して洗着	・歯磨き粉を歯ブラシにつけて渡す
	○洗面	・冷たいタオルで拭きたい	・タオルを水で絞り、顔を拭く	・絞り直して水気を切る
	○髪を整える		・くしで髪の毛をとかす	
	○リビングに行く	・お茶を飲みたい	・お茶を飲む	・ふらつきに注意しながら左脇に立ち、トイレまで手をつないで案内する
7:30〜8:00	○朝食／食事	[本人]食べることが好きだから、おいしいものを食べたい　[家族]好きなものを食べさせてほしい	・箸、手を使って食べる	・食材の大きさと固さを確認し、食べやすいように適宜盛りつける・ランチョンマットを敷き、箸を準備する　【食事の留意点】隣人の分を食べてしまうことがあるので、自分の範囲を伝える
	○服薬		・薬を口の中に含み、飲み込む	・水を用意し、薬を1包にまとめ手渡す・口の中に薬が残っていないか確認する
	○片づけ		・食器を重ねて脇に寄せ、テーブルを拭く	・濡れたふきんを用意し、テーブル拭きをお願いする
	○健康確認			・体温、血圧、脈拍を測る
10:30	○トイレ②		[トイレ②]・トイレまで歩いて移動・右手でズボンと下着を下ろす・上げる・いすに座って手を洗う	【トイレ②】・トイレへの声かけをして案内する、右側に立ち、手をつなぐ・ズボンと下着を下ろすよう声をかける・トイレットペーパーを渡し、終えたらコールで伝えてもらうよう伝えて離れる（排泄用品の交換）・下着とズボンを上げて洗面台に案内し、手を洗ってもらう・手洗い後、リビングに案内する
	○洗濯物たたみ		・洗濯物をたたむ	・洗濯かごを用意する
	○お茶のみ		・お菓子を食べる	・何を飲みたいのか尋ね、好みのものを出す・食べたいものを尋ね、好みのものを渡す
	○音楽かテレビ	・唱歌、童謡、演歌、クラシック		・テレビを観るのか音楽を聞くのか確認して設定
……		○甘いものが好き　＊クッキー、キャンディー、あんこ菓子、チョコレートなど、甘くて固すぎないものがいい	……	

【排泄】＊リハビリパンツ　○夜間：商品B（L）　日中：商品C（商品A）　＊1日おきにラキソベロン8滴（看護師と相談）

【食事】1300〜1400キロカロリー　【主食】おかゆ　【副食】普通⇒軟らかな食材はそのまま提供　固そうな食材は1cm程度の厚みで斜めに切る　【汁物】普通　【果実】グレープフルーツ　【注意事項】＊お茶がすすまないときは、甘いジュースを提供　＊乳酸菌、オリゴ糖、食物繊維を多く含む物を考慮

【服薬】朝食後　フェロミア錠　トーワチーム錠　マーズレンS　スピロノラクトン　ラシックス　ラックビー微粒　＊ラキソベロン8滴（看護師と相談）

【排泄の留意点】「トイレ」と言わず、「ちょっといいですか？」などと声をかける

【おやつの留意点】ティッシュにくるんでポケットに入れるので、食べきれる量をお皿で出す

それぞれの記録について探ってみましょう。

日報──1日の情報が集約されている

多くの高齢者施設の悩みとして「情報がうまく伝わらない」ことがあげられます。その場合、簡単に伝えやすい情報伝達の方法をつくる工夫が必要です。日報は、1枚見ればその日1日の大筋の動きが理解できるというものです。記録の分類でいえば、業務として伝えたい記録になります。

様式には、1日の施設の予定や行った催し物、入居者に関するトピックスなどが書かれます（表4-2）。仕事をするうえで、最低限把握しておくべき情報を項目に分けておくことで、記録をする側と読み取る側が無駄なく情報を整理することができます。

休み明けで出勤してくる職員も、まずはこの日報に目を通せば、それまでの情報を全体的に知ることができます。

ケース記録──個人の情報が経時的変化も含めてわかる

ケース記録は、入居者が1日をどのように暮らしたかという、まさに入居者中心の記録なので、「入居者の生活」を映すことが大切です。そこでは、1日の生活のなかで、いつ（何時）、どこで、誰が、

表4-2　日報の例

何を、どのように過ごし、それに対してどのようにサポートしたのか、その状況がわかる記載内容が求められます（表4-3）。

また、生活の継続に必要な医療・食事など、かかわるすべての職種がそれぞれの専門的な立場で必要な情報を書き込んでいくこともポイントです。

しかし、今までのケース記録は自由記載形式のため、テーマが絞れず、曖昧で主観的なものになりやすいという課題がありました。そのため、誰でも書き込めるような記録様式の工夫が必要になります。

そこで、入居者の暮らしの全容が容易に想像できるものにするためにも、24時間の時間軸にするのが望ましいと考えられます。時間を基軸に「入居者自らの暮らし方」「職員のかかわり」「健康」「食事」「排泄」など具体的な横軸をつくり、その項目に情報を当てはめることで、職員の頭のなかを整理することもでき、必然的に書ける構造にしてしまうのです。

記録がうまく書かれていないことを個人の問題にするのでなく、全員が短時間で合理的に記録できる仕組みをつくり、スムーズにできるようにすることが大切です。

表4-3 ケース記録の例

基本形							平成　年　月　日（　）様
時刻	日課（暮らしぶり）	支援したこと	地域	家族	基本介護	健康	今日の出来事（エピソード）
0:00							
1:00							
2:00							
3:00							
4:00							
5:00							
6:00							
7:00							
8:00							
9:00							
10:00							
11:00							
12:00							
13:00							
14:00							
15:00							
16:00							
17:00							
18:00							
19:00							
20:00							
21:00							
22:00							
23:00							

特にチェックの必要がない場合は基本形を使用し、必要に応じて応用形のような必要項目を作って誰でも書き込めるようにします

チェック表（データ）

チェック表には、食事、排泄、入浴、バイタルチェックなど多岐にわたるチェック欄が存在します（表4-4）。しかし、一目で確認できるメリットはあるものの、ケース記録にも反映させることを考えると、本当に必要のある人の分だけを作成する工夫も必要です。

またチェック表は、データを取るだけでは意味がありません。それをどう評価し、活用していくかが重要です。データは、言葉で表現される情報の根拠となるものでもあります。

表4-4　24時間シートと連動した記録のあり方（チェック表が組み込まれている）

応用形

言葉で表現した情報は書き手の主観が混在しやすいですが、データは客観性を保ちやすく、事実を評価する際に重要な役割を果たすものでもあります。ただし、チェックをすることが目的にならないように注意しなくてはいけないでしょう。そうすることでチェック表は、入居者中心の情報と、業務として伝えたい情報との両者を兼ね備えたものになります。

　このように、それぞれの記録がもつ意味と役割を理解し、使い分けることが求められます。

チェックはケース記録で行い、必要に応じてデータ化する

データ化

※チェック表も個別で作成する必要があります。
業務主体ではなく、入居者主体です。

平成　年　月　名前

> コラム

省略・造語・専門用語・客観性

　記録を書く際に注意したいのは、言葉を省略せず、造語や専門用語なども極力使わず、日常生活のなかで使用する言葉で表現することです。記録は入居者本人（家族）のものでもあり、記録の基本は誰が見てもわかる言葉で記載することです。

　たとえば、体位交換を「体交」と省略したり、重複することを「ダブリ」と造語で表したり、医療的な専門用語をそのままに何の説明もなく書き記すことはありませんか。お茶を飲むことを「水分補給」、食事を全部食べると「全量摂取」など、日常の暮らしでは使わない言葉で表現していませんか。

　記録では、事実をそのまま書き、憶測や推測ではない客観的な視点で書くことがとても大切ですが、これが実はなかなか厄介です。

　たとえば、職員Aさんが入居者Bさんの居室を訪問した際、Bさんがベッドの下に横になっていた状態を発見したとしましょう。Aさんは、記録に「ベッド下に転倒していたのを発見した」と記すケースです。

　この記録は客観的な視点で書かれているでしょうか。この場合、Aさんが行ったときには、Bさんはすでにベッドの下にいたので、実際に転倒したのかどうかはわかりません。目の前で転倒する様子を見たのであれば、事実としてその様子を記載する必要がありますが、この場合は違います。

　見ていないのであれば、見たままの状況や入居者の表情、言葉をそのまま書き残すことが客観的な記載の方法といえます。

　この場合「〇時に居室を訪問した際、ベッドの足元の位置に、頭を入り口側に向けて、身体の左側を下にした状態で横になっているのを発見した」という出だしになるのが、見たままの事実を残す記録ということになるでしょう。ですから、「転倒していた」の一文は不必要なだけでなく、判断に混乱をもたらす要因になりかねないものです。

　現場で必要な記録の優先順位は「事実」です。そこに推定が混在すると、適切な分析や判断の妨げになることは間違いありません。どうしても記載しなくてはならないと記述者が判断する場合は、事実とは別に「推定である」と明確にし、その推定のもとで「どのような対策をそのときに行ったのか」と書き続けることが必要です。

コラム

主観的な記録に注意！

　皆さんは、介護しづらい入居者の人柄を「わがまま」「怒りっぽい」「頑固」など否定的に表現する記載をしていませんか。その場合、判断する基準がどこにあるのかを考えて記載していますか。

　介護職員は入居者に合わせた介護を考えなくてはなりません。「なぜ拒否されたのか」「なぜ不快に感じたのか」を突き詰めて考えることです。

　記載する人の価値観や「面白くない」といった負の感情による判断であれば、それはまさしく記録としてふさわしい表現ではありません。あくまでも客観的にとらえた言動の前後の情報を記載することが大切です。一方的な解釈による記載に、客観性はもてません。

1-2 実践施設の取り組みから
──特別養護老人ホーム「きやま」（香川県坂出市）

生活単位が小さくなると、それに応じた記録のとり方と伝達・保存方法が必要となります。
特別養護老人ホーム「きやま」の取り組みから、
個別ケアに応じた記録のあり方を考えます。

　現在きやまでは、ユニットの記録として「日報」「チェック表」「ケース記録」の三つを活用しています。

日報※

　開設当初は事務部と各ユニットで作成しており、不必要な記載や重複している箇所もありました。

　そのため、様式を見直し、事務部は施設全体の概要、ユニットはその日1日の入居者の身体状況や行事、面会等について一目でわかるよう、一覧にしました（表4-5。詳細はケース記録に記載）。

　今までは職員により情報量の違いがありましたが、ケアをするにあたり最低限の情報を一覧にすることで、全員が共通の情報をもってケアにあたるようになりました。

　しかしまだ、医療や夜勤の情報に特化したものになっているので、もう少し入居者の暮らしに特化した日報を検討したいと思っています。

チェック表

　バイタルや食事量、排泄、入浴など、入居者の1日の状況が一覧でわかるようにしています。❶業務として活用するもの（表4-6）、❷データ化して必要時に活用するもの（表

表4-5　日報

平成 22 年　6 月　1 日　火曜日	記録者　●●

本日の行事・ボランティア等
11時〜　施設見学あり　　　13:30〜14:30　排泄委員会

日勤中の特殊薬与薬者	夜勤中特殊薬与薬者
○○様…ラキソベロン5滴 　　　　　　（10時済）	

日勤中の要注意者	夜勤中の要注意者
○○様…胸痛の訴えがあるため、看護師に報告し、ニトロペン1錠服用 ○○様…9時→37.5℃（腋1点クーリング施行） 12時→37.3℃（腋1点クーリング継続） 15時→36.5℃（クーリング除去）	○○様…胸痛時は夜勤の看護師に報告 ○○様…37.5℃以上の発熱があれば夜勤の看護師に報告

連絡事項（入退所者、入退院者、受診、外出、外泊状況）
○○様…△△病院受診（10:30〜12:00） ○○様…新規入所（4番街） ○○様…長男様の面会あり、おやつとジュース持参（居室冷蔵庫に保管）

夜勤中の特記事項
○○様…0時・3時・6時トイレ誘導し、排尿（+） ○○様…4時に居室より出られる。持参のおやつ2分の1袋出し、食べられて入眠 ○○様…胸痛なく、朝まで寝られる ○○様…2時体位変換時、尿失禁のため、全更衣・清拭する
夜勤者　□□

※きやまでは「業務管理日誌」と呼んでます。

表4-6 業務として活用するチェック表

氏名	血圧	脈拍	体温	朝	昼	おやつ	夜	8時	10時	6時	入浴	シーツ	与薬	備考
601 様														
602 様								体交	右 左					
603 様								体交						
604 様														

表4-7 データとして活用するチェック表

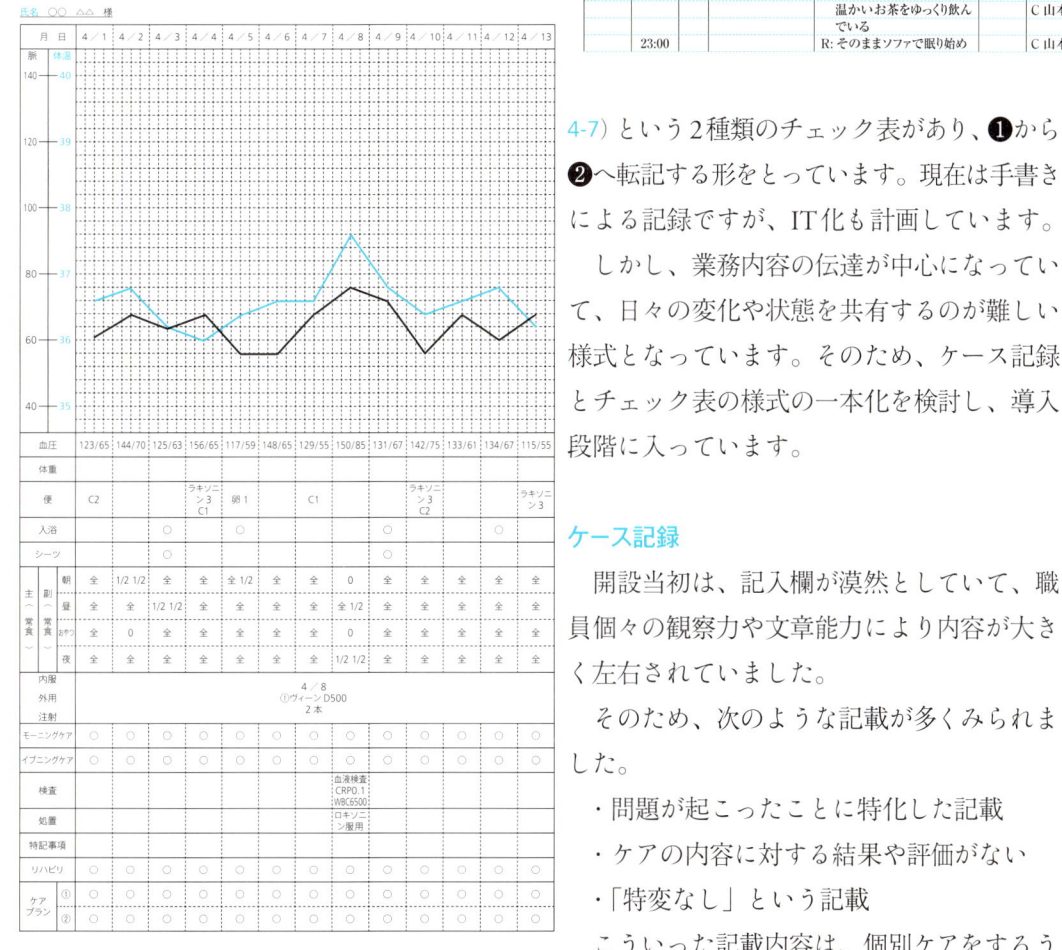

（グラフおよびチェック項目：脈・体温グラフ、血圧、体重、便、入浴、シーツ、主食/副食（朝・昼・夜）、内服/外用/注射、モーニングケア、イブニングケア、検査、処置、特記事項、リハビリ、ケアプラン①②）

表4-8 経過記録

月日	時間	#	フォーカス（F）	D・A・R	医師サイン	その他職員
9／15	21:30	#1	「家に帰る」	D:けわしい表情で職員の声かけにも振り向かず、中庭に出て行く。フェンスをガタガタ動かしている A:「暗いので足元に気を付けてくださいね」「急用ですか」と声をかけながら一緒に歩く D:「主人が待っている」「ここから出て行かな」 A:「御主人が待っているのですね」「それは急ぎますね」と一緒にフェンスを動かす D:フェンスから手を離し、5分ほど中庭を歩いた後ホールに入り、しばらく歩き、ソファを見つけると座り込む A:少し後ろから見守りながら歩く「横に座っていいですか」とソファに同席する少し後で「お茶いかがですか」と聞く D:「お願いします」と少し笑顔がみられる温かいお茶をゆっくり飲んでいる		C 山本
	23:00			R:そのままソファで眠り始め		C 山本

4-7)という2種類のチェック表があり、❶から❷へ転記する形をとっています。現在は手書きによる記録ですが、IT化も計画しています。

しかし、業務内容の伝達が中心になっていて、日々の変化や状態を共有するのが難しい様式となっています。そのため、ケース記録とチェック表の様式の一本化を検討し、導入段階に入っています。

ケース記録

開設当初は、記入欄が漠然としていて、職員個々の観察力や文章能力により内容が大きく左右されていました。

そのため、次のような記載が多くみられました。

・問題が起こったことに特化した記載
・ケアの内容に対する結果や評価がない
・「特変なし」という記載

こういった記載内容は、個別ケアをするうえで、その人らしさが見えない記録でした。

表4-9 ケース記録

時間	暮らし (24時間シート)	摂取量		内服	排泄	入浴	シーツ掃除	機能訓練	医療		#	時間	今日の出来事 (F・D)	支援したこと (A)	支援時の様子 (R)	気付き	記入者
		食事	水分														
0:00																	
2:00																	
4:00																	
6:00																	
7:00																	
10:00																	
12:00																	

本日のバイタル　血圧　/　脈拍　　体温　　℃
平均バイタル　血圧 135/69　脈拍 65　体温 36.8℃
内服薬　朝・昼・夕・眠前
食事形態　主食（米飯/粥）　副食（普通/一口大/刻み/ミキサー）
注入食（　　＋　　/　　＋　　/　　＋　　）

平成　年　月　日　曜日　　　　　　　　　　　　　　　　　　　　　様

　そこで、その人らしさが見え、ケアに対する過程や結果がわかるフォーカスチャーティング方式※を導入しました（表4-8）。

　記載方法は時系列にし、フォーカス（トピックス）、データ（主観的・客観的情報等）、アクション（実践、目標達成の記録）、レスポンス（反応、結果、評価）の構成で記入しています。そのため、一つひとつのトピックスに対する過程や結果はより具体的なものになり、入居者の様子や反応、職員の支援内容も目に見てわかるようになり、ケアに生かせる記録となりました。

　しかし、このケース記録ではトピックスの記録が主で、入居者の24時間の暮らしぶりは見えにくいものです。そこで、表4-9のように24時間の暮らしに沿ったケース記録を検討し、まずは新規の入居者と状態が変化した人に対して使用しています。

　入居者の問題を中心とした開設当初の記録から、個々の暮らしが見える記録へと変わることで、ケアの視点も課題解決から生活支援へと変化していきました。合わせて、家族にとっても理解しやすく、安心して任せてもらえることにつながってきたのです。

　今後、さらに個別ケアを実践するうえで、根拠となる記録となるよう、記録の必要性や記載内容の意味を再確認しながら、24時間シートやケアプランをリンクさせた記録にしていきたいと考えています。

（ユニットリーダー　星賀真之）

※コラム形式で経過を系統的に記述する記録方法。

2-1

情報の伝え方　②会議

職員一人ひとりには、高齢者施設が向かうべき方向性に対して役割が存在します。
「自分の意見が施設を変える」――働く職員全員がそのような意識をもち、
勤務できる環境こそが、個別ケアを実践していくなかで求められています。
そこで、会議が示す意味に加えて、それぞれの会議に
職員がどのようにかかわっていけばよいのかを考えてみましょう。

これまでの会議とこれからの会議

これまでの会議は一方通行

　高齢者施設の会議というと、今までは施設の考えや決定事項をもとに伝えることが主となり、その決定事項には職員が意見を出せないような環境があったことでしょう。しかしこれでは、施設で働く職員が良いアイデアをもっていても、施設の主役である入居者には反映されません。

　また、各部署長という固定のメンバーで、施設が決めた内容に対して考えを伝えることなく承認するだけ、決まった職員が決まった日時に集まり、施設の考えを聞くだけの会議が行われていたのではないでしょうか。

　その結果、施設の考えが一方通行となり、本来追求していかなければならない入居者の生活ではなく、施設の利益や効率化を求めた施設運営だけの話になってしまうのです。これでは、入居者の個を支えていくのはおろか、職員にしても、何に向かっていけばよいのかがみえてきません。

　施設が利益や効率化を求めることで、働く職員も同じ方向に向かう傾向となり、集団ケアから個別ケアに移行できない原因の一つとなっていたようです。

　会議をひとことでいえば、決められた職員が集まり意見を交わす場であり、その目的は迅速で明確な意思決定・合意の場となります。

　しかし、入居者の暮らしのなかで本当にそのような会議が行われていたのでしょうか。施設が入居者の暮らしを支えていくなかでは、現場で入居者の暮らしをサポートしている職員の意見が必要不可欠

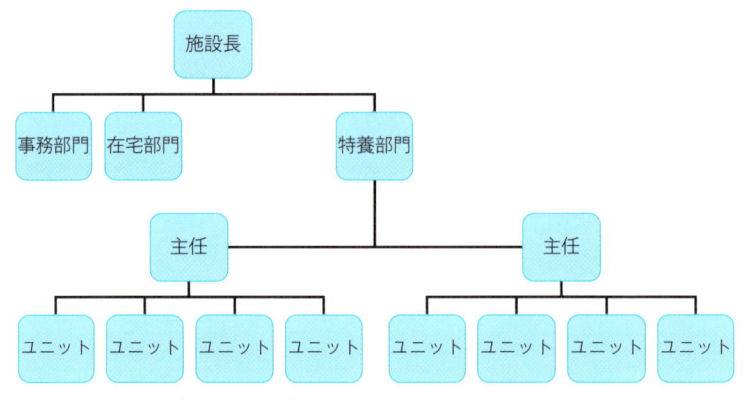

```
                    施設長
         ┌────────────┼────────┐
      事務部門    在宅部門    特養部門
                         ┌──────┴──────┐
                        主任           主任
                   ┌──┬─┴┬──┐     ┌──┬─┴┬──┐
                 ユニット ユニット ユニット ユニット  ユニット ユニット ユニット ユニット
```

図4-1　ユニット型施設の組織体系

なはずです。

　集団ケアから小規模ケアに移行し、施設の組織体系もフラットなものとなりつつあります（図4-1）。これを縦の関係のスリム化、情報の伝達の迅速化にもつなげることが必要です。

これからの会議のあり方

　ここで、個別ケアを実践する高齢者施設の会議のあり方を考えてみましょう。

　まずは会議に対する考え方です。会議では、施設の方向性を全職員に伝えるためのシステムづくりが大切です。しかし、施設の考えを一方的に押しつけるのではなく、職員一人ひとりの役割を理解し、施設の方向性から逸脱しないように会議を進めることが大切です。

　さらに、会議は意思決定や合意の場だけでなく、情報の伝達・共有の場としなければなりません。会議やミーティングが組織的に行われている施設は、職員一人ひとりの役割が明確となり、どこに向かっていくのかを確認できる場となります。どのような会議やミーティングであっても、役割がある限りは業務の一貫として位置づけることが大切です。

　働く職員は、入居者の生活を支える大きな役割があります。入居者の生活を支え、その人らしい生活を送ってもらうには、現場だけではなく、施設全体が機能することが大切です。そのため、しっかりとした会議のシステムを構築することが、入居者の生活を左右します。

効率のよい会議の運営

次に、いかに施設の理念から逸脱せず、効率のよい会議を運営していくのかを考えましょう。

会議にはそれぞれ、特性と機能があります（表4-10）。大きな会議や小さな会議などさまざまな会議があると思いますが、大切なのはどの会議においても同じです。高齢者施設が個別ケアを実践していくなかでは、同じ方向性をもって開催されることが重要で、チームケアを行ううえでの必須条件ともなります。

それでは、多くの高齢者施設が開催している代表的な会議について、その役割を説明します。

❶運営会議

理事会などで決定となった事項を施設で具体的に反映させるために検討する会議です。参加者は、施設長や事務長、各部門長などの管理職です。

運営会議は、予算編成や施設の方針・人事など、具体的に施設を支えていくなかで重要な役割を果たします。また、法人や施設長が、今後の運営に対してどのようなビジョンをもっているか、その方向性などを現場の責任者に示す機会でもあります。経営的な事柄だけではないため、現場職員と管理職側の太いパイプづくりにもなります。

また、各部門の情報交換を行うことで、法人や施設の職員の意識向上にもつながります。会議で大切なことは、一方的ではなく、情報に対して参加者が意見を述べることができ、共有できる環境の整備です。なかでも運営会議は、各部署のとりまとめ役が集まることから、施設運営に欠かせない会議と位置づけられているため、適切

表4-10 高齢者施設における会議の種類と参加者

種類	まとめ役	参加者
❶運営会議	施設長	施設長、各部門長
❷ユニットリーダー会議	部門長	特養部門長、看護・栄養・その他部門長、ユニットリーダー
❸ユニットミーティング	ユニットリーダー	ユニットリーダー、介護職員（非常勤職員含む）
❹委員会	委員長	全職員

な役割を果たすことで、ほかの会議にも良い影響をおよぼします。

❷ユニットリーダー会議

　ユニットリーダー会議は、ユニットでの生活をサポートしているユニットリーダーと、入居部門長、看護師などが参加し、運営会議の決定事項や法人・施設長のビジョンを伝えて共有する場です。

　ユニットリーダーは管理職と現場職員との間に立ち、迅速な対応が必要とされる事項が多いため、部門長は施設の方向性を理解したうえで、現場職員がケアをスムーズに行えるよう、指示や決定をユニットリーダーに伝えます。いわばケア部門の最高会議といえるでしょう。

　具体的な内容としては、各ユニットでの課題や問題点を施設の方針に沿って検討し、対応を決定していきます。看護師など他職種も参加するため、ユニットの状況把握や困難事例に対して検討がなされ、迅速な解決策が生まれます。そうした状況を他職種が把握することにより、サポート内容の充実など、施設全体で入居者を支えていく意識が生まれ、入居者・職員双方に好影響をおよぼします。

　ユニットを一般企業の商品開発の1チームと考えた場合、会社の命運をかけた商品がここで生まれるのです。商品開発チームであれば、商品化して出荷するまでにさまざまなデータをとり、より売れるものをつくりあげます。

　ユニットケアでは、一つのユニットに入ると他ユニットの状況がわからない・情報が入ってこないといわれますが、これはユニットリーダー会議がうまく運営されていないことによります。ですからユニットリーダー会議では、ユニット間の情報の共有も大きな目的の一つです。

❸ユニットミーティング

　ユニットミーティングは、入居者やその家族、さらには職員間まで、ユニット内におけるさまざまな課題や仕事などを検討する場です。この会議が確実に行われているかどうかで、入居者へのサービスや施設の方向性に基づくケアに差が生まれます。

　入居者の生活という点で検討するため、ユニットに住む入居者を知っている職員、ユニットの全職員の参加が必要となります。

　ただし、ユニットミーティングには、施設長や管理職は参加しま

せん。なぜならば、現場の職員が意見を言い合える環境が大切なためです。常に入居者のそばにいる職員が意見を出し合わなければいけないので、非常勤職員も意見が言える環境づくりを心がけます。

　会議を開催するにあたっては、協力ユニットのサポートも必要なため、開催日時を固定することが必要です。協力ユニットのサポートのなかで2～3時間もかけるわけにはいきません。限られた時間のなかで中身の濃い会議を行うためには、事前の準備も必要ということです。

　短時間でより中身の濃い会議を行うためには、ユニットミーティングの進行役・まとめ役のユニットリーダーが、1週間ほど前には議題を参加者に伝えて、考えをまとめてきてもらうなど、時間短縮の工夫も必要になります。入居者の情報などは、データとしてあらかじめまとめておくとよいでしょう。

　開催場所について、ユニット内で行うのではなく、会議室などを活用すると、効率的な会議が展開されます。ユニットミーティングの重要性を理解し、必ず実施していこうという姿勢がない限り、時間の確保や実行は難しいといえます。

　従来のケースカンファレンスは、個別ケアを行っていくうえで最低限必要とされる会議で、現在ではユニットミーティングに組み込まれるものです。個別ケアの実践は、施設の方向性だけではどうにもならず、入居者や家族の意向、職員との意思疎通が必要となります。三者の意思疎通ができて初めて、入居者の生活が形になってくるのです。

　ケースカンファレンスでは、居室担当職員やユニットリーダー、看護師、部門長、家族が中心となって検討していくことで、入居者の目標であり具体的な暮らしのサポート内容が確立します。理学療法士や栄養士などの専門職も状況に応じて参加できる体制を整えておくことで、サポート体制が強化されます。

　居室担当職員は、ケアプランを作成する過程の第一歩を担い、入居者の人生プランナーでもあります。真っ白な画用紙に入居者の生活を描くことができたとき、やりがいや仕事への充実を感じる瞬間でもあります。

　しかし、入居者をサポートするのは居室担当職員だけではないので、サポートに当たる職員が、ケアプランに対して意見や確認を行うことが大切です。ユニットミーティングで絞り込まれたケアプラ

ンの修正案はケアマネジャーに提出し、確認されたことを受けてケースカンファレンスを実施することが大切です。

ケースカンファレンスをまとめる部門長やケアマネジャーは、充実したケースカンファレンスを進めていくことも大切ですが、ケアプランの見直しまでの過程をサポートしていくことも欠かせません。

❹委員会

委員会と聞くと、どこの高齢者施設にもある定番のものが多いと思いますが、個別ケアを追求していくなかで、委員会はとても重要です。入居者の生活を把握してケアを行うなかでは、排泄や入浴などを追求する場面があります。テーマに沿ってさまざまな職種が、解決に向けて検討する会議として、委員会が大切な役割を果たすのです。

種類としては、入居者の暮らしを直接サポートする具体的なテーマのもの（食事や排泄、入浴など）と、側面からサポートするもの（インテリア委員会、園芸委員会など）があります。

委員会は介護職員だけでなく、看護師や他職種が参加することで、施設ケアの見直しやケアの統一化を図ります。委員会で検討された内容については、施設内の勉強会やユニットミーティングで周知・共有を行うことで、施設全体のケアに対する意識、技術の向上につながります。

また、一つひとつの介護に存在する意味を介護職員が理解して実践していくなかで重要となるのが、今までの委員会の枠を超えた、介護職員の意識を変えるための委員会です。

ときとして事務的な参加になりがちなのも、委員会の特徴です。ですから、参加者のモチベーションを上げるしかけも大切になります。

各種会議のあり方

運営の工夫

会議のあり方に加えて大切なのが、運営方法です。管理職の立場としては、本当に会議が行われているのか、どのような内容を検討しているのか気になることでしょう。業務の一環として位置づけているからには、決められた時間内に会議を行い、検討された内容を

議事録として管理職に提出することを義務づけるのも方法です。議事録の内容を報告することで、ユニットがどのような状況にあり、入居者がどのような生活を送っているかなどが伝わります。

議事録は、ユニットで働く職員が入居者の暮らしをサポートするにあたり、そのがんばりや成果を管理職に伝えることができるものとなります。ここでしっかりと報告できるかできないかで、業務の一環として位置づけるかそうでないかが分かれます。業務の一貫として位置づけるのであれば、会議の時間帯や超過勤務に対する手当ての支払いの保障にもつながります。

開催時間は施設ごとに工夫をしていますが、一般的に夕方から開催しているという施設を多く聞きます。参加者を多くするためにも、あらかじめ第三木曜日の16時からなど、日時を固定する必要があります。会議に参加する職員のなかには超過勤務になる者もいるため、超過勤務に対する手当を保障することが大切です。

現場と管理者が意見を交わす場として

高齢者施設は入居者が主役でなければなりません。しかし現在、本当の意味で主役となっているでしょうか。

今までの施設ケアを振り返ると、本来主役である入居者の生活を施設の動きに当てはめていました。個々の暮らしを継続する保障（サポート）をしていくためには、入居者一人ひとりの生活を把握し、トップダウンでなく、主役である入居者の生活をサポートしている介護職員と管理者が意見を交わせる場所を構築していかなければなりません。

また、職員自身の意見が入居者の生活に反映されていくことで、向上心のある職場環境が芽生えます。組織・チームで仕事を行ううえで、情報の伝達・共有も欠かせないため、会議にはさまざまな意味が存在し、個別ケアを行ううえでも欠かせないものだということを理解することが大切です。

2-2

実践施設の取り組みから
──特別養護老人ホーム「きやま」（香川県坂出市）

トップダウン型の会議では、現場で何が起きているのか、何を改善すべきかが不明確になり、
解決に向けた取り組みが行われにくいものです。
システムとしてどのように会議やミーティングを運営していけばよいのか、
「きやま」の取り組みから考えます。

開設当初の会議の問題と改善

2004（平成16）年の開設当初、きやまの会議は上司からの伝達、報告、指示が主で、入居者についての議論はあまり行われていませんでした。施設の方向性を決める話し合いも、問題が生じれば行う不定期での開催でした。そのため、現場からの発言も消極的で、議論に費やす時間も少なく、トップダウン型の指示系統では、現場の意見や意思は反映されにくく、職員のモチベーションも上がらないものでした。

そこで、まずは現場で何が起こり、どのような状態なのか、それを改善していくために何が必要なのかという議論の場を段階別に設け、職員が自由に意見が出せるように民主化を図り、共有していくシステムへと変更していきました（図4-2）。

【大きな改善点】
・現場の意見をくみ上げる形とする
・会議、ミーティングごとに議論内容を明確にする
・意見が出やすい構造とする

会議システム変更の成果

図4-2のように会議、ミーティングごとに役割や意志決定の流れ、権限を明確にし、事前に周知することで議論も活発になり、スムーズに情報が決定され、伝達・共有できるシステムとなりました。

何よりも、内容に応じて、問題や課題に対しての解決がよりスピーディになりました。そして、上へ意見がくみ上げられる構造になることで、役職にかかわらず各職員が考え、施設全体をより良くしていくにはどうすればいいのかという自主性も養えたのではないかと思います。

ケア内容を例にとって考えてみると、これまでは各職員も自分のユニットの情報しか知らないため、ユニットによって異なる、個々の想いによるケアが先行していました。そこで24時間シートを導入することで、入居者の暮らしも開設当初と比べてその人らしい暮らしになってきました。

この際、24時間シートを導入しただけでなく、情報の伝達、共有方法等ミーティングや会議等のシステムも見直しました。

最初はトップダウンによる周知と教育で

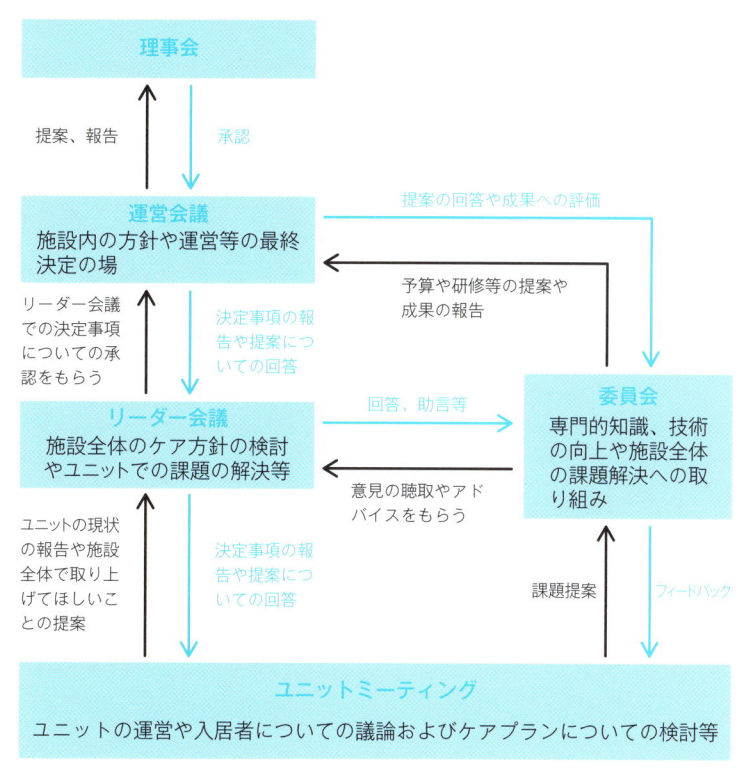

```
                         理事会
                    ↑         ↓
                 提案、報告   承認
                    ↑         ↓
                       運営会議                    提案の回答や成果への評価
                    施設内の方針や運営等の最終      ←────────────────
                    決定の場                       予算や研修等の提案や
                                                   成果の報告        →
  リーダー会議       ↑         ↓                                   委員会
  での決定事項      決定事項の報                     回答、助言等    専門的知識、技術
  についての承      告や提案につ                    ←────────────    の向上や施設全体
  認をもらう       いての回答                                        の課題解決への取
                      ↑       ↓                                    り組み
                    リーダー会議                    意見の聴取やアド
                    施設全体のケア方針の検討        バイスをもらう    →
                    やユニットでの課題の解決等
  ユニットの現状
  の報告や施設       ↑         ↓                                    ↑         ↓
  全体で取り上      決定事項の報                                    課題提案   フィードバック
  げてほしいこ     告や提案につ
  との提案         いての回答
                              ↓                                    ↑         ↓
                      ユニットミーティング
                    ユニットの運営や入居者についての議論およびケアプランについての検討等
```

図4-2　現在の会議システム

行っていましたが、なかなか施設内に浸透することができず、作成した24時間シートも、実際に活用するには不十分なものでした。

そこでリーダー会議や全体会の周知だけではなく、リーダー会議を通じて、24時間シートの意義や作成方法等について共有することから始めました。そしてユニットミーティングを活用し、勉強会を開き、作成にあたり疑問や問題等は委員会を設置し、施設内の作成方法、手順等も明文化していくようにしました。

このように、ケアの検討や施設全体で何かに取り組む際には、組織内でどのように伝え、どのように浸透させるかをより具体的に明確化していくことが大切になるのではないでしょうか。

以上のように会議・ミーティングの役割やシステムを見直すことにより、各部署のみで知っていた入居者の状態や情報も施設全体で共有することができ、現場、事務部、看護部、栄養部等、すべての職種が共通した情報や認識をもてるようになりました。

そのため家族も、各部署で情報を伝達していたものが、どの職員からも情報を得られることで、職員との信頼関係も築けることにつながりました。　　　（ユニットリーダー　星賀真之）

3-1 職員の育成・研修

今日、高齢者施設では、個別ケア実現に向けた手段の一つとして、ユニットケアの取り組みが進められています。
しかし、一言でユニットケアといっても、その思いや頑張りだけで実践していくと、現場が重い荷物を背負うことになります。
そこで、ユニットケアを中心に置いて、個別ケアの実践プロセスに必要な職員研修について、その方法を考えてみましょう。

これまでと、これからの職員研修

知識提供型の集団講義形式からの脱却

　高齢者介護の現場において今まで行われてきた研修は、自己研鑽による内部・外部研修ともに、知識提供型の集団講義形式が中心でした。そのため、単に「介護技術」「介護知識」を向上させるものが多かったように感じます。その結果、得られた成果を効果的に現場で活かすことはあまり期待できませんでした。

　2000(平成12)年に介護保険制度が施行され、「措置制度」から「契約制度」に変わり、入居者に対する高齢者施設側の意識が大きく変わりました。入居者と施設が直接契約することで、これまで保護されることが多かった施設運営は一転し、入居者の生活を預かる施設の責任は今まで以上に大きくなったのです。

　高齢者施設でよく使われていた「処遇」という言葉も、「接遇」へ変わりました。この言葉一つとっても、入居者に対する施設の考え方が大きく変わったことを実感できるでしょう。

理論と実践に裏づけされたシステムの構築と学習

　それでは、新たに求められる研修はどのようなものでしょうか？まずは個別ケアを進めるために、理論と実践に裏づけされたシステムを徹底的に座学で学ぶ必要があります。その座学では❶知識提供型の集団講義形式による研修、❷グループワークによる参加型研修、❸実地体験型の研修について、それらの相関関係を構築することが大切です。

　また、研修を効果的に現場へ浸透させるためには、研修内容を実

践に反映させるオペレーションシステム（OS）が求められます。OSとはコミュニケーション研修であり、積極的なプロジェクトやミーティング、ワークショップの活用、外部での研究発表などを活用した人材育成のためのベーシック・プログラムが不可欠です。

必要とされるスキルの育成

コミュニケーションスキル

　介護職員にまず大切なのは、コミュニケーションスキルです。現在、介護の現場では入居者と介護職員のコミュニケーション障害が指摘されています。その原因としては、生活文化（衣食住・言語など）のギャップがあげられます。今日の介護職員は、受験のための歴史は学びますが、介護現場で役立つ生活史を学ぶことはほとんどありません。生活史を学び理解することは、コミュニケーションの手段を知るきっかけとなるばかりでなく、ケアを組み立てるうえで大変有効です。

　例えば高齢者ケアにおいて、その人の生活史をもとに「その人らしい生活」にふさわしい空間整備（しつらえ）を行うことで、リロケーションダメージを受けないような環境づくりに役立てたり、また入居者の個別の暮らしをサポートする方法（暮らしを支える24時間シートの作成）を考えるときに、今までの生活史を大切にした個別のデータをとることで、より豊かで質の高いケアとなります。ユニットケアの場合、介護職員が入居者やその家族と接する時間が多くなり、関係が深くなります。一方、職員同士が顔を合わせることは少なくなるので、コミュニケーションが不足することで利用者へのケアにバラつきが生じたり、職員間で意思の統一ができにくくなります。

　今後、個別ケアに取り組んでいくうえで、介護技術や知識をもち合わせることに加えて、コミュニケーションスキルの高いスタッフが求められます。

居室を考慮した個別ケアの視点

　特別養護老人ホーム「真寿園」は1977（昭和52）年に設立され、2002（平成14）年、旧施設の老朽化に伴う建て替えでリニューアルしたユニットケア施設です。

　旧施設は典型的な従来型施設でした。脱老人ホームへの試みや生

リロケーションダメージ…過ごす場などが変わることで動揺し、BPSDなどの症状が現れること。

活の場としての施設づくりなど、個別ケアへの取り組みが行われてきましたが、納得のいくものではありませんでした。そこで、建て替えを機に、個別ケア実践に適した住まいとしての「ユニット（ハード）＋暮らしを支えるケア（ソフト）」を始めたのです。

しかし、従来の集団化されたケアに慣れた職員による一方的なケアから脱却していく方法を考える必要がありました。真寿園では、OS以外の方法として介護職員に訪問介護、看護師に訪問看護の研修体験を行ったのです。そこで居宅を考慮した個別ケアの視点が育まれ、その後のユニットケアの実現に有意義でした。

相手に「伝える」スキル

さらに真寿園では、介護職員のスキルアップのために、外部の講師によるアサーション・トレーニング※を行い、トレーニングを通した組織内の人間関係づくり、働きやすい環境づくり、チームワークの向上、ストレスをためないための知識・技法を学ぶことができました。この成果として風通しの良い組織風土が形成され、組織力、職員の人間力が高められました。

> アサーション・トレーニング…自分や相手の立場を尊重したうえで、自分の意見をその場に適切な言い方で伝えるようにするトレーニング。

複層的なチェック体制

内部研修における全体プログラムを企画・実行するうえで重要なのは、漠然としたものでなく、介護職員個別のスキルアップの体制づくりを行うことです。これは、入職から3年目までが勝負です。

新人職員を育てるためには、一定期間先輩職員がついて指導を行いますが、その後は一緒に入居者支援（介護）を行うことがないので、さまざまなチェック体制を構築する必要があります。

例えば、新人職員に関しては、3・6・12か月後に技術・接遇要素などを盛り込んだチェックシート（表4-11）を用い、ユニットリーダー、チーフマネジャー、統括マネジャー、施設長が確認・指導にあたります。また、必要に応じて彼らが面接や直接指導を行うこともあります。現任職員に関しても、ほぼ同様の方法で確認・指導を行います。

確認・指導にあたっては適正なチェック評価をもとに、「できている項目」は褒め、「できていない項目」については面談を交えて研修の機会をつくることで、弱点を克服しスキルアップにつなげることが大切です（図4-3）。職場組織を成長させていくためには、職

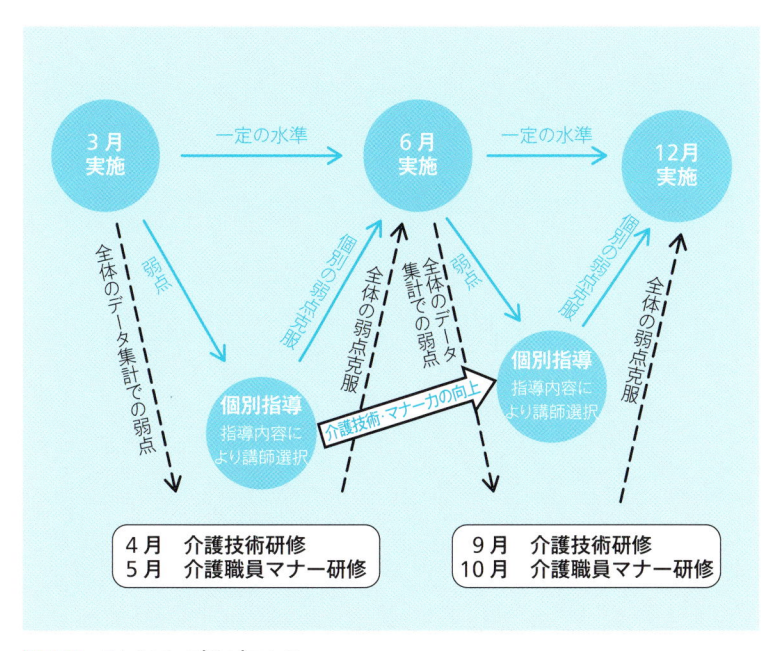

図4-3 スキルアップのプロセス

員を主観的に評価・判断するのではなく、あくまでも客観的に評価・判断し、得られた結果に対して責任をもって学ぶチャンスを施す公平な職場環境が求められます。

　一人で入居者支援（介護）を行うことが多いユニットケアでは、こうしたチェック体制が欠かせません。看護職員育成システムのプリセプター方式や、最近の介護現場でも取り入れられ始めたチューター方式を参考にしてもよいでしょう。

プリセプター方式…経験2、3年の先輩看護師が、新人看護師にOJT（On the Job Training）でかかわる育成システム。
チューター方式…一人の職員に一人の職員が担当につき、あらゆることについて支援する方式。

職員研修のポイント

専任の人材育成職員

　高齢者施設内の職員研修システムは、現場職員のニーズ・課題をアンケート（図4-4）によりダイレクトに把握し、優先度の高いものを選択してから企画し、施設内で実際に行うことが大切です。

　真寿園では新任・現任研修を施設主催で行い、その他の研修は2か月ごとに学習委員会主催で行います。これらの研修に関しては、専任配置した人材育成職員が責任をもってコーディネートを行い、研修を進めます。専任職員を配置することで、より充実した研修を行うことができます。

表4-11 基礎介護技術のチェックリスト

		技術項目	本人	リーダー			技術項目	本人	リーダー
食事	1	個人の食事形態が理解できている			入浴	1	個人の入浴方法が把握できている		
	2	個人の食器が把握できている				2	室温、湯温の調整ができる		
	3	姿勢保持している				3	プライバシーを守っている		
	4	拒食者への食事の工夫ができている				4	浴室への誘導ができる		
	5	ベッド上での食事介助ができる				5	個別浴槽のリフト操作ができる		
	6	食事量の把握ができる				6	機械浴槽のリフト操作ができる		
服薬介助	1	個人の服薬介助方法が理解できている				7	寝台浴槽のリフト操作ができる		
	2	名前を呼び確認し服薬介助を行っている				8	皮膚の観察ができる		
	3	食事と薬を分けて介助している				9	爪切りができる		
口腔ケア	1	個人の口腔ケアの介助方法が理解できている				10	耳掃除ができる		
	2	義歯を装着できる				11	指の間のケアができる		
	3	義歯のケアができる				12	安全に配慮した入浴を行っている		
	4	ブラッシングができる			移乗・移動	1	車いすが安全に使える		
	5	うがいのケアができる				2	リクライニング式車いすが安全に使える		
排泄	1	個人の排泄方法が理解できている				3	歩行器の使用方法が理解できる		
	2	紙おむつの装着方法が理解できている				4	個人に合った移乗方法の把握ができている		
	3	布おむつの装着方法が理解できている				5	安楽な起き上がりの介助ができる		
	4	訴え時の対応ができている				6	個人に合った移乗介助ができる		
	5	ポータブルトイレの介助ができる				7	安全に配慮した移乗ができる		
	6	ポータブルトイレの処理ができる				8	個人に合った移動方法の把握ができている		
	7	尿器の当て方が理解できている				9	安全に配慮した移動ができる		
	8	尿器の処理ができる			バイタルチェック	1	血圧測定ができる		
	9	汚物の処理ができる				2	体温測定ができる		
	10	失禁者への対応が慌てずにできる				3	脈拍測定ができる		
	11	排泄物の観察ができる				4	個人の"いつもと違う"が分かる		
	12	プライバシーを守っている			入力	1	手帳入力ができる		
	13	体位変換ができる				2	メモを使って入力できる		
	14	大きな声で排泄の声かけを行っていない				3	パソコン入力ができる		
	15	便秘の方の把握ができている				4	ケア記録の入力ができる		
	16	浣腸、座薬対応ができる				5	介護実施記録の確認ができる		
着替え	1	臥床者の衣類の着替えができる				6	ケア記録部分が使いこなせる		
	2	片まひの方の衣類の着替えができる			ケアプラン	1	アセスメントができる		
	3	プライバシーを守っている				2	第1表の作成ができる		
	4	適温、保温に努めている				3	第2表の作成ができる		
シーツ交換	1	ベッドの操作ができる				4	第5表の作成ができる		
	2	シーツ交換ができる							
	3	居室の清掃ができる							
	4	臥床者のシーツ交換ができる							

※ できている…3 ある程度できているが不安が残る…2 もう少し努力が必要…1 できていない…0

氏名：＿＿＿＿＿＿＿＿＿ 印 チェック年月日：＿＿年＿＿月＿＿日

所見：	施設長	統括マネージャー	チーフマネージャー	リーダー

開催時間はいつがいいですか？
- 月〜金の日勤帯 23%
- 日勤終了後 46%
- 土曜の午前 8%
- 土曜の午後 8%
- その他 15%

どのような内容を勉強したいですか？
- 高齢者に多い疾患や障害 10%
- 高齢者ケアの基本的理念 9%
- 認知症 20%
- 基本的な介護技術 11%
- コミュニケーションの方法 11%
- リハビリテーション 4%
- レクリエーション 6%
- 高齢者保健福祉制度 5%
- ユニットケア 10%
- ターミナルケア 12%
- その他 2%

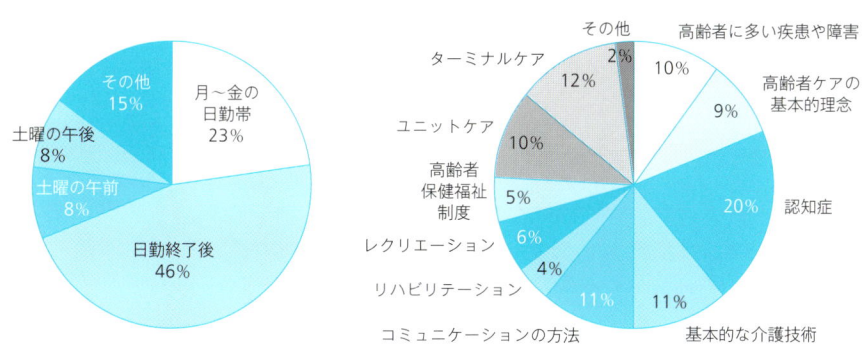

図4-4　職員へのアンケート結果（参考）

　また、研修時にはグループワークやワークショップ形式を多く採用しています。研修の内容をより深く職員の心に響かせるには、一人ひとりが発言できるほうがより効果的で、現場での合意形成を促し、実践に結びつきます。

法人独自の養成研修
　認知症ケアに関する基本的・実践的な知識や最新の知見、介護方法の習得を目的とした研修を実施し、修了書を発行します。法人独自の研修を行うことで、職員のモチベーションの向上を図ります。

コミュニケーション研修
　一時的な研修でなく、年間を通して「面接→研修→評価面接→研修」などの形式を繰り返し行います。また、できるだけ多くの職員が参加できるように、夜間に短時間で効率良く行う工夫を心がけます。介護現場は人間関係で成り立つものなので、職員は入居者や家族への対応、職員間の関係で悩んでいることが目立ちます。自分自身の未熟な人間力を磨くための学びが重要です。

外部研修
　人材育成は、施設現場に即した内部研修を中心に組み立てるだけでは限界があります。「井の中の蛙」に陥らないように、より専門知識を深め、最新の動向（情報）を知り学ぶために、外部研修を実施すると効果的です。
　ユニットケアに関する研修では、認知症介護研究・研修東京セン

ターが実施主体である、ユニット現場職員対象の「ユニットリーダー研修」と施設管理者対象の「管理者研修」があります。

現場を引っ張るリーダーと、COO（Chief Operating Officer）である施設長が、それぞれの立場で共通認識をもつことで、目標達成が得やすくなります。

研修効果を高めるワークショップ

ワークショップの実際

職場内の問題を解決するためには、管理者とともに問題を共有・討議し、解決を図っていくことが大切です。そこで提案したいのが、ワークショップ型の研修です。

ワークショップ型の研修では、自分たちの力を改めて自覚するきっかけになります。また、自分の考えを自主的・主体的に現すことに消極的になっているバリアを取り除く効果があります（表4-12）。知恵やアイデアを出し合いつなげ合うことで、問題解決の糸口が見えてくるのです。

真寿園では、定期的・意図的にワークショップを企画・開催しています。ここでは「自分が暮らしたい施設」をテーマとして組織全体で取り組んだ例を紹介します（表4-13）。

（注意したい事柄）
・ルール…参加者がお互いのもち味を出し合い、他人の意見を尊重し、否定や個人攻撃をしない

> ワークショップ型の研修…参加者が専門家の助言を得ながら問題解決のために行う研修。

表4-12 ワークショップの期待と効果

・外部研修などで得られた成果を、組織内に具現化する
・課題達成によって、決断力や実行力が涵養できる
・他人や他グループを通じて、個人およびグループの行動を客観化できる（鏡影現象）
・討議を通じて、人間関係の重要性について理解を深めることができる
・グループ活動を通じて、グループダイナミクス（チームワークや相互啓蒙など）の有用性を体験的に理解できる

表4-13 ワークショップのタイムスケジュール例

時間	内容	担当
13時30分	タイムスケジュール等説明	人材育成リーダー
13時35分	ワークショップの導入・説明	施設長
13時55分	グループ討議（5名×5班） ①自己紹介 ②役割分担を決める 　リーダー／録音／記録 ③討議	ファシリテーター：施設長
15時10分	休憩	
15時20分	グループ発表（発表5分、質疑応答5分）	発表時間厳守用のチャイムを用意
16時20分	休憩	
16時30分	まとめ	人材育成リーダー
16時50分	総評（10分）	施設長

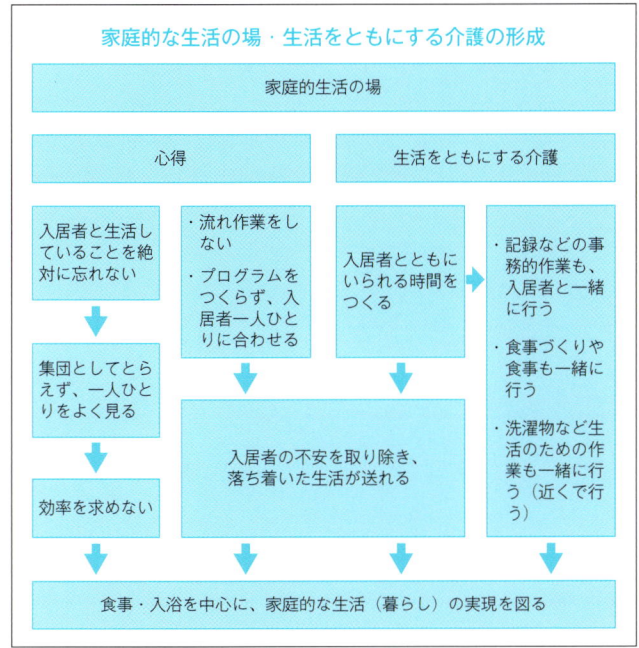

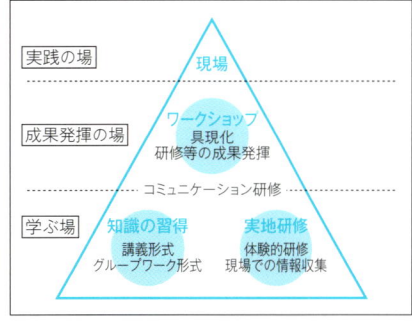

図4-5　ワークショップの成果物

図4-6　研修オペレーションの概念

- テーマの選定…介護現場が抱えている課題や、実現したいケアといった具体的な内容をとりあげる
- 推進役であるファシリテーターは気難しくかたい雰囲気を排除し、楽しくてためになる雰囲気をつくり出す

そのほか注意すべきことに、何らかの解決や糸口が見えるようにして、具体的な成果物を形として残すことがあげられます（図4-5）。

みんなで決めたことは必ず実行することが必須ですが、そのためにも管理者、中間管理者、職員が一体となって開催することに意味があります。ぜひ皆さんも、あらゆる場面でワークショップ型の研修を活用してください。

個別ケアを実現するためには、職員一人ひとりの個別性に配慮し、自立に向けた研修育成が必要です。そのうえで、施設全体として組織的・体系的な研修に取り組まなければなりません（図4-6）。

最近の介護現場は質と量の両面から人材不足が続いていますが、就職希望者の多くは、「入職後の教育・育成支援があること」を魅力ある職場としてあげています。新規採用を有利に進め、現任職員を辞めさせない（定着率の向上）環境づくりとしても、研修は重要な一役を担っているのです。

3-2

実践施設の取り組みから
──特別養護老人ホーム「きやま」（香川県坂出市）

研修に主体性がないと、単に聞いているだけの研修になってしまいます。
職員が参加してスキルアップを図るための研修とは──
特別養護老人ホーム「きやま」の実践から考えます。

参加型研修への軌跡

　きやまの開設当初は研修体系も固まっておらず、法人内の現場責任者が担当して研修を主導していました。月日が経ち研修体制が確立されてきたこともありますが、法人内の各施設から研修委員を任命し、現場の介護職員が研修を主導するようにしました。

　何を学びたいのか、いつなら参加しやすいのかなど、現場主導で行うことで、職員が意欲的に参加できるプログラムとなりました。

　研修形式も、講義研修からグループディスカッション中心の研修へと変更しました。

　講義研修では知識向上が主となってしまい、得られた成果を効果的に現場に活かせていませんでした。そのため、自分のユニットの現状の把握や、それを良くしていくためにはどうすればいいのかについて客観的に意見を述べ、他ユニットの職員と話し合える場を設定することで、具体的な方法がみえてユニットに反映できるようになり、職員の士気も上がりました（表4-14）。

表4-14　研修体制の変遷

	開設当初	現在	
研修体系	施設内研修	法人研修	
	外部研修	施設内研修	必須研修
			選択研修
		新人研修	
		外部研修	
研修形式	講義研修	・講義研修 ・グループディスカッション ・デモンストレーション	
研修時間	勤務時間内および勤務時間外	原則、勤務時間内	

【開設当初の研修における問題点】
・研修に意欲的でない
・研修で学んだことが現場に反映できない
・職種や経験に合わせた研修になっていない

研修内容の見直し

法人研修

　開設当初は施設内だけの研修でしたが、グループ内には医療法人等もあるため、病院の職員も参加します。そのため、医師や作業療法士等にも講義をしてもらい、基礎的な知識だけでなく、施設内で起こりうる事例を通し、より具体的でわかりやすく学べ、実践で活用できるカリキュラムとなりました。

　また、研修ごとに職員にアンケートをとり、それをもとに年間計画を策定し、研修内

容に反映しています。さらに現場の知識だけでなく、組織の仕組みや人間関係等、チームワークの向上についても外部講師を招き、経験年数に分けて研修を行っています。

施設内研修

施設内研修は、全職員同一の研修と、個々のスキルや役職に合わせたカリキュラムを組み合わせたものとしました（表4-15）。

● 必須研修

新人や中途採用者に対しては新人研修（入社1か月間は現場に入らずに座学研修）も行っていますが、技術指導は各ユニットリーダー主導で行っていました。そのため、ユニットリーダーの技術確認等は行っていましたが、施設内で統一された指導が行えているかどうかの確認まではできていませんでした。そこで、指導方法を施設内で統一することにより、技術の向上だけでなく、入浴、食事、移乗など、細かい部分で不統一だった方法を再度検証することができ、職員によって異なるケアを見直すこともできました。

そのほかの研修においても、知識だけでなく、全職員が共通認識をもてる研修にするため、施設内の有資格者や外部機関から講師を招いたカリキュラムを立案しています。

● 選択研修

選択研修は主にグループディスカッションが中心です。各職員が複数の研修から一つ選択し、参加する形にしています。

年4回程度実施し、「現状や課題についてのグループワーク→計画書作成（施設内およびユニット内で今後どのように実施していくか）→実施結果報告」という流れにより、単に受講す

表4-15　平成22年度の施設内研修

必須研修 （全職員参加型）	選択研修 （下記より1項目選択）
1　介護技術研修	1　ハード
2　認知症ケア	2　地域、ボランティア
3　リスクマネジメント研修 （感染・事故等）	3　食事
4　24時間シート研修	
5　ターミナルケア研修	

※必須研修は、研修内容により①指導者レベル、②中堅レベル、③新人レベルの3パターンに分けて行います。

るだけでなく、学んだことをユニットにフィードバックしやすいシステムとしています。

計画書作成等にあたってはユニットミーティングを活用し、受講者が中心となり、ユニット職員に研修内容を伝達し、ともに作成・実践していく形をとります。そうすることで、個人の課題だけでなく、ユニットや施設全体の課題の解決へと、研修を通じて成果が得られるものとなり、職員の士気向上にもつながります。

個別ケアの実践をユニットに任せきりにするのは限界があります。そのため、施設として具体的に学べる機会を設定し、伝えて学べるようにしていかなければなりません。

食事、排泄、入浴ケア指針等で施設の方針を設定していますが、単に書類を整備するだけでは意味がありません。日々ケアのなかで伝えていくことだけでなく、研修を通して学べるようにもしていかなければなりません。

そういった体制が整い、入居者の暮らしも職員主体のケアから入居者本位のケアへと少しずつ変わることができたのではないかと思います。

（ユニットリーダー　星賀真之）

編著者と執筆者一覧

編著者

秋葉都子（一般社団法人日本ユニットケア推進センター　センター長）………序、Ⅰ-はじめに、Ⅱ-はじめに、Ⅲ-はじめに、Ⅳ-はじめに

執筆者一覧 （付記は肩書きと本書の執筆箇所。執筆順）

五十棲恒夫（社会福祉法人長岡京せいしん会　理事長）………Ⅰ-1、Ⅱ-2

永山直人（特別養護老人ホーム「桜の郷　元気」施設長）………Ⅰ-2

菊地奈津子（一般社団法人日本ユニットケア推進センター　副センター長）………Ⅰ-3、Ⅳ-1-1

鈴木　弓（特別養護老人ホーム「抱優館八乙女」介護係長）………Ⅰ-4

井上由起子（日本社会事業大学専門職大学院ビジネスマネジメントコース　准教授）………Ⅱ-1

祖父江啓子（特別養護老人ホーム「ハーモニー広沢」施設長）………Ⅱ-3-1

安田正義（特別養護老人ホーム「かざこしの里」施設長）………Ⅱ-3-2

兒山左弓（浜松大学健康プロデュース学部健康栄養学科　准教授）………Ⅲ-1

福本京子（医療法人笠松会有吉病院　ケア部長）………Ⅲ-2、Ⅲ-5

安田弓子（特別養護老人ホーム「花友にしこうじ」室長代理）………Ⅲ-3

宮本智行（特別養護老人ホーム「至誠キートスホーム」セクションマネージャー）………Ⅲ-4

髙村龍子（特別養護老人ホーム「龍生園」施設長）………Ⅲ-6

星賀真之（地域密着型特別養護老人ホーム「かわつ」ユニットリーダー）………Ⅳ-1-2、Ⅳ-2-2、Ⅳ-3-2

榎本　耕（特別養護老人ホーム「ちょうふ花園」副施設長）………Ⅳ-2-1

荻野光彦（特別養護老人ホーム「真寿園」総合施設長）………Ⅳ-3-1

（肩書きは平成24年10月1日現在）

個別ケア実践マニュアル
ユニットケアで暮らしをつくる

2011年4月1日　初　版　発　行
2017年7月1日　初版第5刷発行

編著者　　秋葉都子
発行者　　荘村明彦
発行所　　中央法規出版株式会社
　　　　　〒110-0016　東京都台東区台東3-29-1　中央法規ビル
　　　　　営　　業　TEL03-3834-5817　FAX03-3837-8037
　　　　　書店窓口　TEL03-3834-5815　FAX03-3837-8035
　　　　　編　　集　TEL03-3834-5812　FAX03-3837-8032
　　　　　http://www.chuohoki.co.jp/

装丁　　　松田行正十山田知子（株式会社マツダオフィス）
本文イラスト　橋爪かおり
印刷・製本　株式会社アルキャスト

ISBN978-4-8058-3456-5
落丁本、乱丁本はお取り替えいたします。定価はカバーに表示してあります。